D' EMILE-FRANÇOIS JULIA

ANTOINE
BOURDELLE

MAITRE D'ŒUVRE

PARIS

LIBRAIRIE DE FRANCE

110, Boulevard St-Germain

1930

ANTOINE BOURDELLE

MAITRE D'ŒUVRE

JEAN D'ORBAIS, MAITRE D'ŒUVRE DE REIMS

D' EMILE - FRANÇOIS JULIA

ANTOINE BOURDELLE

MAITRE D'ŒUVRE

PARIS

LIBRAIRIE DE FRANCE

110, Boulevard St-Germain

1930

*Des fragments de ce livre ont paru
en articles de revue dès 1920.*

AVANT - PROPOS

A l'époque où Rodin, longtemps méconnu, accédait à la gloire, les ateliers de Bourdelle commençaient à s'emplir en silence. Ils étaient trop étroits pour contenir l'abondante floraison qui s'y était développée lorsque le maître de Meudon, illustre jusqu'aux confins de la terre, s'éteignit.

Rapide fécondité qui pouvait déjà être à bon droit, par elle-même, un grand sujet d'émerveillement. Mais le plus étonnant était qu'aux côtés de l'auteur du *Balzac* et de l'*Homme qui marche* régnant alors dans sa toute puissance, une personnalité aussi différente de la sienne et aussi forte ait pu naître et se développer. A son contact, semblait-il, la vigueur et le tempérament ardent de Bourdelle avaient pris au contraire toute leur ampleur.

A vrai dire, c'était en présence d'une véritable réaction que l'on se trouvait, émouvante et rassurante à la fois, car à une époque d'engoûment pour les manifestations de la force brutale jusque dans la littérature et les arts, le labeur triomphant de Bourdelle se précisait sous le signe de l'Esprit.

Exaltant poème du sculpteur, qui jette un cri divin et s'efforce de le perpétuer dans un style de noblesse en le confiant à la pierre et qui, gravissant les cimes, s'approche du Poète, ce maître souverain des Muses !

Tant d'artistes avaient fait de la littérature au sens péjoratif qu'un grand discrédit s'était établi sur la présence de l'idée dans les arts. Aussi bannissait-on à qui mieux mieux la mécréante. Mais les simples plasticiens plus ou moins virtuoses ont trop bien montré par leur exemple qu'absence d'idée, c'est-à-dire d'imagination créatrice, était aussi absence d'art. « Idée sculpturale », « idée picturale » ; mots vides de sens s'il n'y a pas apport spirituel. Et sans une âme qui l'habite, la plus savante technique n'est qu'une sorte de psittacisme vain. La pensée et le sentiment donnent à l'œuvre plastique ce quelque chose d'ailé qu'ont la Parole et le Chant ; la qualité intellectuelle apporte aux productions humaines leur suprême valeur.

Assurément rien ne touche plus le public que la partie la plus superficielle et la plus apparente de l'œuvre car les jouissances élémentaires qu'elle suscite appartiennent à tous. Ce qui s'adresse aux sens entre toujours en quelque manière. Ce qui a besoin de l'intelligence risque davantage de rester à la porte.

Mais les beaux-arts dignes de ce nom préféreront toujours suivre la voie plus difficile de la sage Minerve et cette déesse, en fin de compte, gouverne la postérité...

Or, voici Bourdelle : entente harmonieuse, accord indissoluble entre le lyrisme dyonisiaque et l'Ordre souverain du Penseur. L'œil de son âme ne quitte pas la pointe de ses doigts ; c'est un passionné de formes pures parce qu'il est passionné d'absolu ; il s'élève à l'abstraction mais sans tomber dans une idéologie creuse qui s'éloigne de la vie. Rempli de frémissements animés et de tressaillements sacrés, il nous apporte les fruits d'un noble tourment. Toujours, son œuvre parle haut, mais il faut l'entendre parler. S'agit-il d'attendre « le recul du temps » pour en être ému et le dire ? Pour se baigner dans cette vérité vivifiante qu'est la création d'art et tenter de la comprendre et de se l'expliquer ? Le chef-d'œuvre peut affronter avec tranquillité le verdict des siècles : il porte en lui sa certitude, mais il est là pour notre joie et les contemporains d'un grand homme sont des privilégiés qui gâcheraient eux-mêmes leur bonheur s'ils ne savaient le reconnaître.

Que ne donnerions-nous pour reconstituer la véritable vie en action d'un Michel-Ange, d'un Beethoven, ces immenses créateurs qui débordent leur art ?

Se pencher sur un artiste et l'accompagner un peu sur sa route, le suivre dans ses détours, le surprendre dans quelques-uns de ses secrets, l'écouter dans ses explications, s'attacher à ses vertus de grandeur en négligeant, s'il en est, les faiblesses inhérentes à sa condition humaine, tout cela est une source d'intime satisfaction qui vaut bien qu'on le tente.

C'est donc dans un sentiment de plaisir personnel que, pas à pas, nous avons suivi l'évolution de celui qui nous occupe aujourd'hui. Longuement appliqué à ses travaux de sculpteur, touchant parfois à leur genèse et à leur développement, connaissant deci delà les cartons du maître, auditeur bénévole de plus d'une de ses leçons, nous avons cherché à pénétrer par tous les côtés dans son temple intérieur.

Certes, plus le poète, plus l'artiste s'élève, plus il est isolé. En chacun des privilégiés du Chant ou du Verbe demeure à jamais inviolable un compartiment secret que nous ne faisons que pressentir. Mais si le langage de l'artiste créateur ne devait être compris que de lui seul, autant vaudrait pour lui ne jamais rien produire. Son rôle de prophète le destine au contraire à la foule et c'est toujours, plus ou moins lentement, vers la sanction publique qu'il tend. Heureux si cette consécration est toute d'entraînement et d'élévation pour elle.

Bourdelle, pur artiste, était un isolé sur sa cime ; mais il était aussi le barde de l'humanité. C'est elle qu'avec son âme de poète, il associait sans cesse à ses travaux. L'Epopée qu'il transcrivait dans la pierre était avant tout humaine, et plus qu'humaine, cosmique et universelle. Sa suprême joie eût été de sentir sa propre palpitation féconder au loin les esprits et remuer les cœurs ; il eût voulu la voir se répercuter au travers des âges dans l'éternité des temps. Il rêvait sans cesse d'enrichir le bien commun. S'il façonnait tant d'images, c'était pour les confier définitivement aux hommes comme un dépôt sacré. Il ne pouvait concevoir que les œuvres de l'esprit puissent à la fois être belles et périssables. Divin tourment d'un grand artiste pour lequel nobles visions intérieures et plastique sont d'une même spiritualité, d'un même reflet d'infini.

Qui aime l'au-delà des surfaces, le secret des galbes inclus dans la qualité des tracés, s'arrête longuement chez Bourdelle. Il y sentira que la contemplation d'une œuvre d'art est un moment d'éternité.

CHAPITRE I

Chez Bourdelle

Pendant vingt-cinq ans que Bourdelle a travaillé et enseigné, on peut dire qu'il a ensemencé les centres essentiels où s'élabore l'avenir humain de la destinée des arts. Ses élèves, venus de tous les points du monde, puis repartis de lui comme un rayonnement, lui demeurent à jamais fidèles à travers le temps et l'espace car ils propagent mieux qu'une doctrine : une discipline où ils se sont retrouvés eux-mêmes. Ses travaux les plus importants ont pris chaque année le chemin d'une capitale. Mais à Paris, comme il en a été pour Rodin, nous lui donnons bien lentement sa place... Sans doute, dans un avenir assez proche verrons-nous s'ouvrir un Musée Bourdelle, mais encore aujourd'hui, nulle part hors de l'impasse du Maine, il n'est possible de prendre un véritable contact avec cet artiste, pourtant le plus haut et le plus complet de notre temps. Il faut se rendre au cœur même de son chantier, au milieu de la ruche intérieure où sont nées les fleurs encore trop inaperçues de cette moisson d'univers.

Si l'on cherche l'atelier et la demeure où travaillait Bourdelle, c'est vers le fond d'une impasse mal pavée, au sol boueux, dénivelé, presqu'aussi accidenté qu'une campagne, dans un quartier « très faubourg de Paris », qu'on doit porter ses pas. Montparnasse, cette petite République des Arts, émule de sa sœur Montmartroise, est en effet le lieu où s'est fixé dès sa jeunesse l'alerte et vif Montalbanais que poussaient vers l'âpre lutte la seule flamme de sa volonté, la seule richesse de son génie.

C'est là qu'il prenait définitivement racine, extrayant d'abord avec peine d'un sol ingrat les quelques principes nécessaires à sa subsistance, et c'est là que peu à peu, ayant en soi les incalculables ressources d'un haut destin, il se mettait à utiliser pour une suite ininterrompue de productions étonnantes les déplorables conditions de la vie elles-mêmes. L'air pauvre respiré entre les hauts murs parisiens, le rayon de soleil chichement filtré à travers une atmosphère surchargée de grisaille, tous les éléments que la grande ville semble destiner à l'anémie plutôt qu'à l'épanouissement, à l'asservissement d'un travail rudement nécessaire aux besoins matériels plutôt qu'aux loisirs d'une culture personnelle, tout cela lui fut le dur tremplin contre lequel rebondissait sans cesse son ardente foi, se rallumait la fougue créatrice d'une nature infatigable.

L'impasse du Maine aboutit à une petite cité d'artisans et d'artistes, comme il y en a tant à Paris : les ateliers y voisinent étroitement, les uns à côté des autres, les uns au-dessus des autres. Dans chaque cellule qui s'ouvre sur le ciel par un vitrage, que d'efforts, que d'espoir, que de luttes et que de défaites parfois, que d'orgueil et de fierté ! Beaucoup passent, quelques-uns persistent, il en est qui demeurent : Bourdelle était de ces êtres d'élite qui ne capitulent jamais.

— M. Bourdelle ? demandait-on au concierge du premier groupe de ces demeures où l'on travaille et où l'on vit.

— Peut-être le trouverez-vous ici... répondait le gardien prudent. Passez donc à l'atelier de droite... à moins qu'il ne se trouve à celui de gauche sous la voûte... Peut-être encore au n° 3 dans la cour du fond... Il pourrait bien se faire aussi qu'il soit au 18... Enfin, voyez vous-même !

Ainsi, ce n'est pas un, mais trois ou quatre ateliers d'un côté, six ou sept ateliers de l'autre que vous aviez à visiter, si le Maître y consentait... Et tout cela, rempli d'un peuple de statues grandes et petites, maquettes de toutes dimensions, gigantesques figures à leur hauteur d'exécution, bustes, bas-reliefs, monuments, et, contre les murs, dossiers, esquisses, projets rehaussés de couleurs... Glaise fraîchement mouillée, plâtres, marbres et bronzes, font un enchevêtrement de personnages entassés au petit bonheur, mais qu'un air d'évidente parenté rassemble.

Vous restiez confondu de l'immense production d'un homme dont quelques instants auparavant vous saviez seulement qu'il avait exposé quelques sculptures... comme tant d'autres !...

Qui est prêt à trouver une des plus fortes et des plus grandes jouissances dans le contact immédiat du génie s'arrêtera longuement dans ce sanctuaire et plus jamais il ne pourra en arracher son souvenir.

L'étonnement devant cette richesse productive du travail de l'esprit se fond en une gravité dans l'âme et cède à cet irrésistible intérêt que la puissance introduit dans notre pensée par sa seule présence. D'emblée, vous vous sentez en face d'un artiste complet, universel, pour qui l'art est tout un monde, une fin suprême, et qui vit réellement en homme autant qu'en artiste dans cette multitude, entièrement créée de sa main et de son cerveau. Loin d'être artificiel comme un rêve matérialisé, cet amoncellement de statues apparaît comme une efflorescence de la nature où il plonge profondément ses racines.

Toutes ces œuvres, dont la quantité et la variété nous confondent, nous frappent non seulement par leur solidité et leur vigueur, mais encore par ce rare mélange de spiritualité et de vie réelle qui est la marque du grand art. La profonde intellectualité qui les imprègne donne sa qualité élevée à l'émotion qui en émane, tandis qu'elles touchent à l'être humain et à la terre par la justesse et par l'éclat de leur frémissante plastique...

*
* *

Le grand Bourdelle est un homme petit, bas de jambe, assez long de buste, taillé à coups de hache, un peu à la façon dont son père, le tourneur sur bois, sculptait. Bien que vif, alerte, remuant, il est grave dans ses mouvements. Sa démarche a quelque peu le balancé du laboureur derrière sa charrue. Le corps suit le mouvement de chaque pas qui semble ne pouvoir s'arra-

2

cher complètement du sol. Les mains sont petites et elles ont
— expertes en tant d'art — la finesse, la qualité de race.
La tête est belle, expressive par sa masse, par ses contours,
par l'âme qui l'a pétrie. Comme un buisson ardent, elle émerge,
avec sa barbe en broussailles, d'une longue blouse bise qui
fleure le lin neuf et se tient raide. Le front large surplombe
comme un dôme le visage où luisent deux yeux restés étonnem-
ment jeunes et gais et qui, ayant vu, n'oublient plus. Le nez
fort atteste le bon vivant. La bouche, bonne, farceuse ou narquoise, s'encadre d'une barbe à la saint Joseph. Le dessus de
la tête dégarnie agrandit le front, illumine la face. Des petits
cheveux bouclés, grisonnants, parent les tempes de petites ailes.

Le geste, le regard, le mouvement du corps lourd et mobile
à la fois, suivent et animent sa parole chaude, son verbe imagé,
sa pensée rapide, pleine de trouvailles, de poésie, de philosophie...
Il parle par éclairs successifs, d'abondance, dans un langage
presque impossible à transcrire, inimitable. « Style Bourdelle »
disent ses amis; improvisations dont le charme et la portée dis-
paraissent dès qu'on les transpose en discours suivis. Faites des
phrases avec les « mots » de Bourdelle et ce n'est plus cela !
Il y manque la saveur, la chaleur, l'accent, le coloris, la force,
le ramassé, le concis...

Belle figure méditerranéenne que la netteté du modelé, la
flamme du regard, la vivacité de l'accent originel font complète,
tandis que sa robustesse, comme son allure, dénonce le campa-
gnard qui tient au sol par de profondes racines. Il y tient aussi
par ses formes de pensée, par ses affections, par ses souvenirs.
Quand il parle, c'est toujours plein de son pays et de ceux que
les causses ont fait naître, en étroite solidarité avec eux, qu'il
s'exprime. Il ne saurait faire autrement. Il adore raconter son
enfance, ses parents, les amis de ses premiers pas, sa ville, sa
province...

*
* *

Emile-Antoine Bourdelle est un enfant du pays d'Oc, descendant d'une longue lignée de fils de la terre, originaire de ce
Quercy, où les âpres plateaux se découpent à l'horizon en profils

nets, où le pays est rude, sauvage et impose l'effort... Quatre-
vingts ans après son compatriote Ingres (1861), il est né à Montauban, vieille ville, parfois grandiose, toujours austère ; l'histoire y évoque la sombre ardeur des luttes de la foi ; mais l'on
ne manque pas d'y apercevoir les superbes paysages d'une nature
ardente ; et n'est-ce pas encore une de ces coïncidences signifi-
catives où pourraient apparaître après coup les lignes d'une destinée ! — sa maison natale était située en face du musée Ingres ;
Ingres dont Bourdelle devait avoir, avec la probité artistique,
l'entêtement au travail et dont il devait faire siennes ces devises :

« Qui ne souffre pas ne croit pas » ;

« Ce que l'on sait, il faut le savoir l'épée à la main. Ce n'est
qu'en combattant que l'on acquiert quelque chose et le combat,
c'est la peine que l'on se donne ».

C'est pourquoi Bourdelle est un fort que rien ne rebute ; il
semble au contraire rebondir mieux après chaque difficulté
vaincue. Il a une flamme qui le porte, une mission qui l'appelle.
Il porte en lui cet hôte sublime qui ne réclame pas les mêmes
nourritures que notre être corporel, un démon intérieur attaché
à sa destinée pour le conduire vers les sommets ; c'est celui-là
qu'il écoute, depuis qu'il est au monde, et lui seul qu'il suit
toujours.

« La grande difficulté, dit-il un jour à ses élèves, est de savoir
ce que l'on est et où l'on va ; cherchez le centre de la vérité et
créez-vous une boussole...

En détruisant le passé et les racines, on ne fait rien de bon. »

De très bonne heure, il a trouvé, lui, sa boussole. Il a compris
que pour grandir il lui fallait des ans, un terrain sain et le climat
d'esprit adapté. Quelque essor qu'il prenne, il reste la fleur de
son pays natal, tout de robustesse et d'harmonie, où, plus que
partout ailleurs, sur notre sol, la leçon de Rome est restée dans
de puissants monuments, leçons de force et d'équilibre, d'adaptation de l'art à son objet ! où enfin surgissent, au sortir de la
nuit de l'an mille, les premiers grands bâtisseurs de chez nous,
ces romans, artistes complets pour qui nul divorce n'avait encore
séparé la sculpture de l'architecture...

CHAPITRE II

La formation du génie de Bourdelle

Bourdelle offre peut être le meilleur exemple qui soit au monde du triomphe de la volonté dans l'art. Dès ses débuts, sa voie se dessine devant ses yeux avec la plus grande précision. Rien, ni les luttes quotidiennes pour la subsistance à gagner au jour le jour non seulement pour lui-même mais encore pour les siens, ni l'âpre combat à soutenir chemin faisant pour faire accepter par ses contemporains les richesses qu'il leur apporte, rien ne le détourne du noble but entrevu et accepté comme un apostolat, comme une mission héroïque à remplir et à laquelle il serait indigne de faillir. Clairvoyant, indomptable et tenace, il gravit la dure montée des savoirs et c'est dans une ligne élue par son esprit qu'il arrive à réaliser dans le monde des formes les rapports nouveaux qui lui méritent à bon droit le titre de *créateur*. Il appartient à cette race d'hommes qui se mettent au service exclusif de leur inspiration personnelle et qui puisent leur force dans ce réconfort mystérieux, dans cette divine certitude que porte en soi le génie.

S'être fait soi-même et selon soi-même : voici donc la caractéristique essentielle de Bourdelle.

Il n'est pas vain de considérer un esprit d'artiste comme un

total où l'on peut retrouver, à côté d'impondérables échappant
à toute analyse, certains éléments primordiaux qui le dépassent,
le précèdent, le rattachent à l'ensemble humain dont il apparaît le visionnaire et le prophète et dont il est une des cîmes.

Or, nul plus que Bourdelle ne se relie étroitement à sa ligne
ancestrale et à son milieu.

Que l'on examine les conditions originelles de sa carrière nettement orientée dès l'enfance, ou que l'on en suive pas à pas le
développement si harmonieux et si homogène au sein même de
la variété et du renouvellement, comment ne pas être frappé
d'un accord exceptionnellement probant entre l'homme, l'artiste,
la race et le pays ? C'est bien en une vision parfaitement perspicace que Bourdelle a pu écrire autrefois : « Ce caractère spécial,
original, qu'on veut bien remarquer dans ma sculpture provient
sans doute de ce que je sculpte en patois ! »

Oui, Bourdelle s'exprime avec naturel dans la langue tradi-
tionnelle de ses aïeux ; il la transpose dans la sculpture et l'architecture, il la fixe dans ces bibles de pierre qui, mieux que les
livres sans doute, opposent leurs vertus de durée à l'écoulement
décevant et inéluctable du temps...

C'est ainsi que Bourdelle est, au plus haut degré, représentatif
des siens, de sa contrée, d'une civilisation qu'il continue ; c'est
une longue ascendance rustique qu'il dévoile et qu'il raconte dans
son œuvre. Il s'explique par elle autant qu'elle l'explique lui-
même : l'en détacher artificiellement serait le vouer aussitôt au
desséchement et à la mort.

Immense et redoutable honneur de résumer, de réaliser et
d'inclure une lignée et un terroir.

Bourdelle est un frère des écrivains et des poètes qui ont
eu cet émouvant privilège d'être une voix venant de loin :
attachés à leurs racines terrestres locales, et par celles-ci à leurs
plus profondes racines cosmiques et universelles, ces hommes
sont un moment de l'humanité, reflet de l'humanité totale.

Tel, ce pur poète Mistral, dont les chants sortis des entrailles
de la terre, font corps avec elle et contiennent les parfums éternels que, du fond des âges, y ramènent les saisons.

Interrogé sur la genèse de l'*Arlésienne*, l'auteur de *Sapho*, des

Lettres de mon Moulin, et de tant d'autres écrits où circule une sève riche en éléments primordiaux, fit cette réponse : « ...primo, l'enveloppement héréditaire ; l'enveloppement provençal formé en grande partie par la lumière, par le vent, par les habitudes ancestrales et la grandeur native des paysans provençaux qui, comme les paysans bretons et les paysans basques, sont pour la plupart de véritables genstilshommes... »

C'est bien exactement de cette manière qu'il faut comprendre Bourdelle ; il convient de voir en lui l'aboutissant d'une société paysanne sans cesse fécondée par le contact pur de la nature, l'héritier de rudes vertus qui se sont cultivées et ont grandi à l'abri de toute dégénérescence parce que des éléments étrangers à leur nature ne sont pas venus les adultérer : noblesse de la terre qui a parfois ses grands hommes capables de rattraper et de dépasser d'un seul coup leur siècle, et qui font alors figure de visionnaires au-dessus des foules...

Durant de longues années, Bourdelle a travaillé à Paris. Mais comme l'arbre géant enfonce pour toujours ses puissantes attaches dans le terroir même où, jeune et frêle arbuste, il a puisé ses premiers aliments, c'est du pays qui l'a vu naître que, jusqu'au bout, Bourdelle vivra. Les bienfaits intellectuels de la capitale le fortifient selon lui-même : il reste un artiste roman du Quercy. Il a porté avec lui sa race et son sol tout entiers. C'est d'eux qu'il tient une fois pour toutes sa merveilleuse nourriture spirituelle et c'est en eux qu'il faut chercher, non seulement son point de départ, mais encore les grandes forces directives de l'évolution de son art si purement français parce qu'il est né en terre romane, issu du roman, resté dans la tradition romane à travers toutes les phases de son développement.

Récemment, ayant à exprimer sa pensée et son cœur lourds d'un prodigieux héritage, Bourdelle n'a pas manqué d'associer à son effort actuel les parents qui ont entouré son enfance et ses aïeux immédiats : « Aux Ouvriers de mes jours... » écrit-il au frontispice du premier fascicule du recueil de ses œuvres*, en une dédicace liminaire qui se complète d'une autre plus émouvante encore : sous la forme d'une suite de dessins graves et

* Librairie de France.

poignants, se succèdent les figures austères et bonnes de ses ancêtres tels qu'ils furent autour de son berceau et de ses jeunes années; précurseurs, compagnons, témoins, confidents et amis de ses luttes, de ses espoirs, de ses ambitions, de ses premiers triomphes, engagés avec lui dans les durs commencements du cycle qu'il lui était donné d'accomplir. Autour d'eux, s'agite le monde des divinités tutélaires qui les accompagnent : mythologie sévère et bienfaisante, dans une atmosphère mi-terrestre, mi-symbolique, qui a été et qui est restée toujours celle de Bourdelle. Né sous le signe du compas, du triangle, de la sphère projetant sa courbe sur le plan du ciel, il nous présente, — en beaux dessins où s'entremêlent les témoignages de ressemblance humaine et les aveux spirituels, — les fées de son berceau, les gardiens de sa croissance et de sa vie.

Mais, au-delà de ces parents directement éducateurs, les véritables origines des sources de son âme remontent beaucoup plus haut : elles sont chez les maîtres d'œuvres et sculpteurs médiévaux qui formaient autour de Toulouse comme capitale artistique, notre premier centre actif de constructeurs et d'imagiers bien avant l'époque gothique. Elles sont en même temps chez les artisans du meuble, eux aussi architectes complets, porteurs d'ordres et de styles dans l'art du bois sculpté parallèlement développé à celui des basiliques et des cathédrales. Les traditions de tous ces bâtisseurs de la pierre et du bois ont une même origine ; elles remontent fort loin et proviennent d'efforts collectifs patients et raffinés au cours de siècles qu'un illégitime mépris a bien légèrement taxé de barbarie.

Comment Bourdelle se rattache à cette longue chaîne d'esprits nourris d'enseignements scrupuleusement conservés, nous le lisons clairement dans la partie de son œuvre que nous pouvons appeler panthéiste et dont le *Petit Faune Chevrier*, la *Petite Cardeuse de Laine*, les diverses *Bacchantes* et tant d'autres sculptures d'inspiration bucolique et campagnarde sont les plus beaux exemples.

Bourdelle a donc grandi dans une double leçon : celle du pays où il est né; celle des créations humaines accumulées sur son sol et inspirées par des conditions naturelles et spirituelles du lieu.

Avec une incroyable facilité, il saisit les aspects de tout ce qui l'entoure ; le monde est pour lui plein de significations, comme s'il possédait le mot divin des énigmes. Il pénètre pour ainsi dire d'emblée le langage des êtres et des choses. Dès son enfance, il se trouve, par le privilège d'une remarquable précocité, merveilleusement accordé à l'esprit local, à tout ce qui est issu d'un même ensemble climatique, d'une même âme, d'un même cœur, d'une même foi.

Bourdelle enfant : voilà ce qu'il faut d'abord évoquer pour comprendre Bourdelle réalisé.

On nous le représente vivant dès le plus jeune âge en marge de ce petit monde que l'on abandonne d'ordinaire à l'emprise morale des maîtres d'école, au pouvoir de disciplines routinières peu vivifiantes, à l'enseignement de programmes sans lumière.

De bonne heure, se libérant de toute cette scolarité inerte, il avait pris l'habitude de vivre selon lui-même, s'adonnant déjà au jeu des formes dans son amour du monde sensible. Pour satisfaire sa passion commençante, il dessinait partout et toujours.

Il se sentait chez lui, bien à son affaire, dans le modeste atelier où son père l'initiait par l'exemple aux rudiments de l'art de sculpter et d'assembler les bois.

Son père, Antoine Bourdelle*, était un artisan de l'ancienne école, ébéniste de talent, qui, dit Bourdelle, fut son premier maître, ses meubles lui ayant donné l'idée de ce que devait être la sculpture monumentale...

Sculpteur sur bois, ébéniste, menuisier, charpentier, tourneur, « grand ouvrier », il savait bâtir un meuble, restaurer naïvement chaires à prêcher, coffres gothiques ou autres vieilles architectures qui faisaient l'admiration du jeune enfant, son apprenti et son disciple.

Il avait réparé la chaire de l'église Saint-Jacques, où il avait placé deux statues d'apôtres. C'est au milieu des vieux meubles, œuvre patiente des artisans d'autrefois, traités avec respect par un autre artisan de leur lignée, que Bourdelle passa son enfance. Celle-ci évoque déjà — et ce rapprochement ne cessera de s'imposer au cours de toute la carrière de Bourdelle — celle des grands

---

* Exactement Bordelles, dont il faut trouver l'origine dans BORDE, MÉTAIRIE.

artistes de la Renaissance. Comme eux, Bourdelle n'aime guère étudier dans les livres; il n'a rien de plus précieux au monde que la liberté de son esprit. « Je ne sais rien », répond-il toujours avec une modestie nullement feinte aux interrogations de ses maîtres. Mais il se promène longuement dans la campagne, regardant le ciel, les arbres, les rivières, sentant la poésie d'une humble cabane, d'un tronc ébranché, d'un rocher, observant les hommes et les animaux, et brûlant d'en reproduire les traits. Et chez l'un de ses oncles, qui possède un troupeau de chèvres, il apprend à connaître la splendeur des formes animales.

De plus, mettant la main à l'ouvrage, le jeune Bourdelle éprouvait directement, en s'y essayant lui-même, les disciplines créatrices indispensables à son art. Il taillait lui aussi des apôtres en plein cœur des chênes et commençait ainsi par cette taille directe très à l'ordre du jour récemment. En même temps, il habituait son esprit à se préciser dans cette écriture si personnelle qu'est le dessin; il savait déjà faire tenir dans quelques traits les mille aspects de la nature, y enfermer l'infini d'un univers et le secret d'une pensée.

« Je veux être peintre comme Michel-Ange », dit-il zézayant encore ! Et, un peu plus tard, sa vocation se précisant : « Je veux être sculpteur, affirme-t-il avec véhémence. Je ne puis être *que* sculpteur ».

Toujours est-il que, de très bonne heure, comme tant d'apprentis du Quattrocento, comme Michel-Ange chez Ghirlandajo, comme Léonard chez Verrocchio, l'enfant Bourdelle donne dans l'atelier paternel la mesure de son jeune talent. L'étude et la réflexion doivent plus tard l'élever, la purifier et la mûrir, mais son aptitude naturelle apparaît déjà en sa magnifique spontanéité. Un jour, il voit son père un peu embarrassé par la sculpture de deux têtes de lion... L'enfant prend les outils et, sans hésitation, les taille en plein bois. Un autre jour il termine en quelques instants, une tête de faune dont un apprenti, son aîné de beaucoup, ne peut venir à bout... Puis ce sont les pieds d'une table en feuille d'acanthe qui sortent délicats, harmonieux, de ses doigts juvéniles... Ainsi, Léonard, âgé de quinze ans, dépasse ses maîtres !

Le précoce adolescent ne tarde pas à se faire remarquer dans
sa ville natale par ceux qui ont l'attention assez avertie pour
cela... Emile Pouvillon, charmant romancier, s'intéresse au jeune
homme, l'encourage et le fait concourir pour l'Ecole des Beaux-
Arts de Toulouse. Il est reçu, et, dans la ville rose, étonne camarades et professeurs, puis quitte les bords de la Garonne et vient
chercher fortune à Paris, brûlant de conquérir la gloire dans la
capitale artistique du monde.

Là, c'est le rude travail, la dure lutte pour la vie, c'est parfois
la gêne, la souffrance et la maladie.

Parmi les circonstances que Bourdelle a rapportées de son
enfance, nous en aimons plus particulièrement deux, parce
qu'elles lui furent, entre toutes, porteuses de clarté, et parce
qu'elles nous aideront mieux que tout autre à suivre la formation de son génie.

Dans une conférence donnée à la Sorbonne en 1924, Bourdelle
évoque l'histoire d'un aigle dont il eut jadis le singulier voisi-
nage non loin de sa maison paternelle. L'oiseau de proie, captif,
se tenant ramassé sur lui-même, farouche ou méditatif, « tantôt
calme d'aspect comme un rocher, tantôt tumultueux comme la
foudre en marche », était le plus extraordinaire professeur d'attitudes qui se puisse trouver, « Son pur aspect mathématique, conçu
comme un total de chiffres animés », paraissait aux ordres d'un
génie prisonnier. Le cœur rempli d'émoi et la conscience étrangement éveillée, Bourdelle suivait les soubresauts et les silences
de ce génie animateur ; il y sentait la présence d'une sorte de
« visage intérieur de sage », un savoir profond réglant les mouvements et les repos, connaissance qui se communiquait à lui
et dont il faisait son profit pour toujours. Et voici que, tout à coup,
dans un suprême effort libérateur, l'oiseau de proie rompant ses
entraves, s'élance avec la certitude d'un dieu, en un seul vol,
jusqu'au sommet de la cathédrale ; il s'y pose un instant ; harmo-
nisant sa masse, toujours juste dans son équilibre et dans ses
profils, à celle, immense, de la basilique que construisirent les
tailleurs de pierre et les architectes du Grand Siècle, il s'y arrête

pour un dernier enseignement et disparaît ensuite au fond du
ciel en quelques majestueux battements de ses ailes.

« O mon frère de désir, s'écrie Bourdelle, dans son langage
de visionnaire et de prophète, je n'ai approfondi ta foudroyante
loi qu'au jour où j'ai vécu ton évasion subite... Mon cœur, alors,
a crié vers le tien et *un autre regard que celui de mes yeux
mortels* est né dans ma conscience. Je venais soudain de savoir.
Tu frappais si juste l'espace, calculateur, sculpteur, architecte
du ciel, tes angles naviguaient en telle précision sur le vent des
vallées astrales que tu parvins enfin à planer sans apparent effort :
ton vol passait plénier comme la vérité. »

Quelques années plus tard, Bourdelle réalisait sa première
grande œuvre : la *Première Victoire d'Hannibal*. Directement
inspirée, semble-t-il, par quelques lignes de Flaubert, elle montre
un enfant nu luttant avec un aigle aux ailes déployées. Mais
Bourdelle s'est surtout souvenu de l'aigle captif de son enfance !
Il n'a jamais oublié l'énigmatique et puissant voisin de ses jeunes
années dans l'intimité duquel il avait vécu et dont il n'avait
compris le secret qu'au jour où, enfin libéré de sa chaîne, il
s'était élancé sans hésitation vers le zénith. L'aigle montant vers
les cimes avait été pour lui le symbole de l'Art. Maintenant il
entendait à jamais le sublime appel des hauteurs. Cette sculpture de ses débuts, était la transcription de l'idéal profond de
son cœur, la confession d'une aspiration intime ; sa propre pensée
s'imprimait sur ce visage d'enfant convulsé d'effort et de plaisir
et qui est d'une poignante beauté.

Un autre jour, se promenant dans la campagne montalbanaise,
le jeune Bourdelle découvre, en un lieu isolé, fermé sur lui-
même, une petite cabane de bergers. Mais cette modeste construction de fortune, dont aucun architecte breveté n'avait conçu
les lignes, est si parfaite en son rythme sobre, si bien ordonné
en ses proportions, qu'elle arrête le regard de l'artiste, qu'elle le
subjugue par son éloquence simple et directe. Son aspect saisit
Bourdelle au cœur et captive son esprit. « J'ai pleuré, dit-il, pour
avoir découvert une cabane de bergers où le conseil du climat,
des éléments, du sol et le sentiment de l'abri avaient fait trouver

à des pâtres les proportions de l'irréfutable beauté, par leur adaptation parfaite aux nécessités de la vie humaine. »

A un tel esprit, si prompt à pénétrer les secrets éternels, instruit par sa propre voix intérieure, accordé en quelque sorte au vaste plan architectural du monde, quels professeurs d'école fallait-il donc ? Il accueille cependant avec ferveur l'enseignement du moindre de ses devanciers à toutes les occasions qui se présentent. Vierge d'enseignement scolaire même primaire Bourdelle se fait littéralement tout seul; chaque fois qu'il rencontre sur son chemin quelque éveilleur de pensée, il ouvre au large son esprit et son cœur; il ne perd rien de la bonne parole qui tombera sur son âme comme du feu.

Vers l'âge de dix à douze ans, il a pour professeur un élève d'Ingres, M. Combes, fondateur du musée Ingres et qui fut aussi professeur de son père.

Un peu plus tard, à Toulouse, un homme remarquable, M. Brassine, esprit assez universel, à formation littéraire, artistique et mathématique à la fois, ancien polytechnicien et Directeur de l'Ecole des Beaux-Arts, est un initiateur intellectuel de premier ordre pour le jeune homme dont la curiosité d'esprit s'éveille extrêmement à ce contact.

A Toulouse encore, un artiste de valeur, le sculpteur Larroque, fait impression sur l'esprit de l'adolescent devenu élève de l'Ecole des Beaux-Arts de cette ville. A propos de ce maître, sculpteur sur bois, sur ivoire, statuaire, Bourdelle a formulé : « Dix minutes avec un vrai maître valent mieux que des années avec un officiel qui n'est pas créateur ». Mais il quitte bientôt Toulouse et fait à Paris un bref séjour à l'Ecole de la rue Bonaparte où il est reçu deuxième sur deux cents.

Il entre alors chez Falguière et c'est d'abord « la rencontre du chien et du chat ». Que l'on songe à la profonde opposition entre ces deux esprits : l'un élégant, un peu mièvre, officiel et italianisé, l'autre, massif et trapu, venant en droite ligne du fond du Moyen Age et de la nature populaire... Rapidement une grande sympathie s'établit pourtant de Bourdelle à cet artiste au caractère ferme et chaleureux dont les petites maquettes modelées, plutôt de peintre que de sculpteur, l'intéressent beaucoup.

Bourdelle ne tarde pas à secouer la tyrannie d'un enseignement momifié ; il quitte l'Ecole et le voici de nouveau libre de travailler à sa guise.

Il continue d'ailleurs à voir Falguière dans son atelier personnel.

Il reconnaît à chaque exposition annuelle de ce maître un acharnement à serrer de près la forme, à poursuivre la palpitation de l'animal humain en général et à copier surtout le charme féminin. Falguière se mettait en colère pour dire « qu'il copiait et qu'il n'interprêtait pas ! » Il manifestait une violente réprobation contre toute interprétation. Le bénéfice de Bourdelle auprès de Falguière est d'avoir appris la mise en place harmonieuse des masses de lumière et des ombres, c'est-à-dire la construction dans le sens impressionniste de peintre-coloriste ardent.

Bourdelle devient bientôt le voisin de Dalou aux ateliers de l'impasse du Maine. Dalou disait souvent : « Je pousserai très loin l'homme qui serait mon élève ; je le ferai hériter de mon œuvre et de ma situation d'artiste ». Mais son art formiste sec, attaché trop souvent à la lettre des choses sans passer par leur esprit, n'attirait guère Bourdelle qui comprenait pourtant ce qu'il recélait de conscience ouvrière et de précision.

C'est surtout à cette époque qu'entre Falguière et Dalou, notre sculpteur cherche ses propres techniques, par un labeur long, patient, tenace, voulant obtenir, au contraire de Dalou, ce qu'il appelle « l'espace autour des lignes et des contours des objets », autour du corps humain surtout qu'il voudrait en quelque sorte transparent et plein de perméabilité visuelle.

Et partout il étonne ses maîtres et ses camarades par sa fougue, sa rapidité de travail, le feu intérieur qu'il porte en lui.

De chacun d'eux, de bien d'autres encore, Bourdelle tire çà et là quelque clarté. Il prend son bien où il le trouve, n'ignorant pas que l'on peut apprendre du plus humble des travailleurs pourvu qu'il soit probe et qu'il ait quelque don de nature. Chaque volonté d'art nouvelle s'accompagne de quelque découverte technique. L'Art est un vaste domaine ouvert à tous. La copie servile plus ou moins consciente appartient aux faibles. Les forts savent cueillir les fleurs pour faire leur propre bouquet, mais nul ne peut s'affranchir de grandes lois communes. Il s'agit pour chacun d'en découvrir le plus d'aspects possibles afin de s'y mieux adapter.

Chemin faisant, quelques méditations dans les musées sont pour Bourdelle des orages pleins d'éclairs rapides, illuminations soudaines mais durables et qui restent, malgré tout, de véritables éléments de sa formation.

Les leçons qu'il y prend sont, il est vrai, bien souvent négatives, car l'étude des anciens lui montre moins ce qu'il faut faire que ce qu'il faut éviter.

Enfin, la fréquentation quotidienne des boutiques d'antiquaires continue le contact si précieux de ce qui a fait son instruction première; le meuble sculpté en plein bois des meilleures époques de l'art français, le bibelot, le vieil ivoire, le vase patiné et bellement décoré par d'authentiques artistes, le tableau couvert de crasse, méconnu du marchand, et où l'on a la joie de découvrir la main d'un maître, le fragment délicieux d'une ancienne sculpture pleine de vie, témoignage d'un savoir orné de belles pensées : voilà ce qui passionne Bourdelle par dessus tout. Ce sont là les voix qu'il aime écouter. Il avait été frappé de l'ostracisme unanime et permanent qui sévit dans les écoles et dans les musées contre nos grands ancêtres les Romans et les Gothiques. Il n'existe nulle part en France, dans les écoles de la République, de moulage d'art français. Peu épris de la Renaissance, Bourdelle en demeure étonné et pour ainsi dire écrasé. Chez les antiquaires de Paris, il reprend pied; il retrouve la clef des origines, celle qui ouvre le sens des chefs-d'œuvre de nos Musées.

Un point curieux est que Bourdelle remonte jusqu'à l'art gaulois qui l'a longuement sollicité et qu'il affectionne. L'époque gauloise, indépendamment de l'influence romaine, nous a apporté, selon, lui, un esprit de netteté original et de valeur capitale. L'art gaulois, si généralement méconnu, domine beaucoup plus qu'on ne pense, l'art français à ses origines. « Les exemplaires que j'en sais, dit Bourdelle, ont la grandeur de l'Egyptien avec une

unité plus précise et plus tendre. » Michelet a bien su discerner
ce trésor trop caché; Jules César, signale-t-il, en fut profondément
frappé...

Quoi qu'il en soit, ce qui sauve Bourdelle, c'est sa nature
d'isolé, balancé qu'il est entre ses souvenirs d'ouvrier et de vaga-
bondage de son enfance; c'est son aptitude intransigeante à se
faire tout seul, sa répugnance à se laisser prendre dans les
moules conventionnels dans lesquels la plupart finissent.

Il se sépare nettement des maîtres français qui peuvent s'appeler modernes : les Préault, les Duret, les Rude, les Guillaume,
les Barye, les Carpeaux, les Dalou, les Rodin, qui sont de tradition italienne...

Mais il nous faut le suivre au travail.

Il répond, en 1888, à un ami : « C'est Adam, c'est le père
éternel que je voudrais recréer tel qu'il est apparu soudain sous
l'étonnement des cieux et des mondes, l'homme en sa force et
en sa naïveté première, le maître nu de la matière frémissante
et bientôt captive, tel qu'il devait être avant l'histoire, avant la
souffrance. Pour le faire, j'ai bien de l'argile comme Dieu, mais
je ne suis pas Dieu. » Et ainsi est né l'*Adam* du Salon de 1889
duquel, nous dit Emile Pouvillon, « l'artiste a su faire une figure
de la destinée humaine d'une grandeur tragique ennuagée de
douceur virgilienne. »

Aux Salons des années 1896, 97 et 98, Bourdelle expose des
bustes et des têtes d'enfant qui sont très remarqués et où l'on
peut suivre un affermissement constant de son talent et de son
tempérament déjà nettement orienté vers la sculpture architec-
turée. Cette tendance passe à peu près inaperçue à ce moment-
là, tant les esprits sont éloignés de semblables conceptions.

Bien qu'il ait encore beaucoup de difficultés à vaincre, et que
des camarades jaloux lui reprochent de ne faire que des bustes
(j'aimerais certes mieux, dit-il, faire des cathédrales, si j'en avais
les moyens), il commence à connaître, entre 1898 et 1900, la
grande notoriété... De nombreux critiques, Emile Pouvillon (qui
l'a deviné et aidé dès ses débuts) et Félicien Champsaur, saluent
en lui un futur grand maître qui, « promis à la célébrité, saura
cependant ne jamais sacrifier un jour de son idéal aux exigences

de la mode et de l'Académie. » Gustave Geffroy écrit : « Cet artiste est de plus en plus maître d'un modelé nuancé qui laisse au bloc de marbre toute sa force. »

Voilà déjà, saisie à sa naissance, une des caractéristiques essentielles du génie de Bourdelle : un très grand respect des matériaux, respect hérité des grands maîtres d'œuvre du Moyen Age, préoccupation de conserver le plus possible de la majesté naturelle de la pierre.

A cette époque cependant, Bourdelle est encore sous l'influence d'un grand artiste, dont la nature, à vrai dire, est fort différente de la sienne et dont la conception n'est aucunement monumentale : Carpeaux.

Ses principales œuvres des années 1890 et 1900 : les *Trois Jeunes Filles*, l'*Allaitement maternel*, ont quelque parenté avec l'art passionné, souple et nerveux de Carpeaux. C'est la même vivacité élégante, avec moins d'allégresse mais avec une pointe d'altière mélancolie, de tendresse fière où l'on pressent déjà la gravité des figures que Bourdelle donnera plus tard.

A l'influence de Carpeaux, va en succéder une autre plus puissante et qui, surtout par la réaction qu'elle suscitera chez lui, aura dans la formation de son génie, une part prépondérante, celle de Rodin.

Bourdelle est-il le disciple de Rodin ? Oui, dans une certaine mesure. Pendant un certain temps, il travaille avec lui. Il est plutôt son collaborateur. Rodin, qui se connaissait en hommes, lui témoigne une grande estime et ne tarde pas à lui confier d'importants morceaux pour les terminer dans le marbre. C'est ainsi qu'il lui donne à exécuter, entr'autres, la grande *Eve*, en s'aidant du modèle vivant ayant déjà posé pour lui et cela parce que son modèle en plâtre était resté inachevé. Il le prie de finir ensuite le plâtre de tout le groupe des *Bourgeois de Calais*, avant de l'envoyer chez le fondeur. Puis il le met à l'exécution en marbre d'Asie du masque de madame Rodin qu'il avait fait étant jeune et qui est au Musée Biron ; enfin il remet à ses soins la taille, dans le marbre turquin, d'un masque de pleureuse appartenant à la *Porte de l'Enfer* dont Bourdelle tire une tête coiffée de serpents, cette fois de sa propre composition.

L'exemple des grands créateurs porte avec lui le trait de lumière : ceux-ci dérobent comme Prométhée un peu du feu céleste, et avec lui ils enferment dans leurs œuvres les divins secrets éternels. Ce sont ces hiéroglyphes sacrés, leurs enseignements et leurs lois, que Bourdelle déchiffre chez Rodin. Cette compréhension profonde crée entre les deux hommes une sorte de terrain commun d'entente, une parenté spirituelle qui est au-dessus même de l'amitié.

Au moment où la Société des Auteurs décide de lui commander le *Balzac*, le maître de Meudon, surchargé de travail et harassé de fatigue, songe d'abord à un refus, Bourdelle lui expose aussitôt avec chaleur qu'un renoncement de sa part apparaîtra comme une défaite dont il se relèvera peut-être difficilement. Mais il fait mieux : se mettant à l'œuvre aussitôt, abandonnant provisoirement ses propres travaux, il compose dans son atelier un Balzac nu qui inspire directement Rodin bien que sa figuration définitive soit assez différente.

Bourdelle entreprend vers cette époque un buste de Rodin lui-même, mais celui-ci ne pose pas très longtemps ; il interrompt les séances avec assez de mauvaise humeur. « Cette sculpture, murmure-t-il, sera peut-être comprise dans cent ans ! »

Alors la séparation s'accomplit. La divergence d'art est devenue trop manifeste.

Ce que Bourdelle doit à son maître, il est loin d'ailleurs de le nier ; Rodin lui enseigne d'abord la hardiesse et la sincérité. Dans ses conversations, il lui dévoile les arcanes de la technique qu'il tient en partie de Barye, le premier sculpteur français de son temps : celle qui a fait de lui un modeleur de génie, un prodigieux intimiste et personne n'a été aussi loin que lui dans le sens qui est le sien. Il a pris à tous les siècles, à tous les arts du passé, une force d'analyse formidable. Il est donc pour Bourdelle le véritable initiateur des secrets du modelé, cette vie de surface qui puise toute sa sève dans les profondeurs. Il lui apprend l'orchestration de ses plans, le mouvement hardiment projeté dans l'espace avec véhémence et vérité.

Aux environs de 1900, Bourdelle, d'ailleurs, pouvait apparaître dans une certaine mesure comme son disciple. Et la première grande composition qu'il donna se ressentant de l'influence rodinienne, semblait en partie inspirée par la pensée et exécutée sous l'empire de la technique de Rodin. C'est le *Monument aux morts de Montauban* que lui avait confié sa ville natale. Il y travailla longtemps. Quelques morceaux en furent exposés aux Salons de 1897 à 1900. Le monument fut achevé en 1902.

Mais Bourdelle, qui ne cesse d'étudier, de réfléchir, de mûrir sa propre conception de la sculpture, s'est aperçu petit à petit que sa manière de comprendre et de sentir est totalement opposée à celle de son aîné : celui-ci reste pour lui un grand maître, mais non *son maître*.

Écoutons Bourdelle nous le dire :

« Du peu que j'ai pu mesurer de la courbe du génie de Rodin, dit-il, je ne me suis pas reconnu son disciple ; toutes mes synthèses s'opposent aux lois qui dirigent son art. »

Toutes mes synthèses : on ne saurait mieux s'opposer à l'art analytique de Rodin.

Ce qui s'est fait dans l'âme de Bourdelle est plus qu'une simple évolution, c'est une sorte de crise de conscience, une conversion...

L'art, pour lui, est une foi... une religion qui renferme un sens de la vie. Comme un croyant qui abandonne sa foi ancienne pour s'en forger une nouvelle, Bourdelle se sépare de Rodin pour se donner à une conception de l'art originale, celle que lui impose son esprit personnel, que lui enseigne l'étude de la nature, que lui suggère sa philosophie de l'univers.

Il faut, pour bien saisir cette rupture, insister sur la conception propre de Rodin. Ce très grand artiste, plus intimiste peut-être que Michel-Ange, est loin de le valoir pour l'ensemble. Il manque de conception architecturale. Il ne possède guère l'esprit constructeur ; et sur ce point, il ne comprend jamais d'une façon aussi vaste, aussi universelle, aussi synthétique que Bourdelle, le rôle de la sculpture.

Pour Rodin, la sculpture est purement analyse ; il n'y cherche toujours que l'individu. Aussi, quand il compose un groupe, tel que celui des *Bourgeois de Calais*, place-t-il en fait, à côté l'un de l'autre des personnages isolés. Son véritable souci n'est pas de composer un monument... Il professait d'ailleurs qu'un monument se compose tout seul; nous lui avons entendu soutenir cette thèse qu'une figure bien exécutée est terminée quand, placée à côté de n'importe quelle autre figure achevée elle aussi, un bon mariage se fait naturellement entre elles : comme si deux étrangères pouvaient trouver aussitôt leur accord collectif par le seul fait qu'elles sont justes avec elles-mêmes. Conception valable peut-être dans l'absolu de la perfection idéale, mais qui ne se vérifie ni dans la nature, ni dans l'art ! Rodin est grand parce qu'il fait jaillir l'âme de la matière; il ennoblit la volupté; il magnifie la douleur; il grandit l'être dans cet élan surhumain qui est le propre de son génie. Et tout cela par le miracle de son modelé. Mais, en le suivant, on retournerait vite à la sculpture d'émiettement, d'anecdote, de romance, d'italianisme. En ne possédant pas la puissance du Maître, on ne perpétuerait que des défauts..

« C'est l'heure de bâtir », dit Bourdelle. Par delà Rodin il revient à la leçon des pierres sacrées qui resteront toujours ses exemples de choix. D'instinct, et par tradition lointaine obscurément transmise à sa pensée, il est un homme des cathédrales; il est un survivant attardé de ces temps où, la rêverie celtique se mêlant à la forme romaine, un génie propre s'est développé en nos pays gaulois dans un sens mystique et cependant essentiellement constructif. La cathédrale, avec son ordre et sa raison, avec son ossature résistante et hardie, avec ses figures solidement campées dans les plans architecturaux, avec ses ornements toujours soumis à l'ensemble quelles que soient leur vie propre et leur fantaisie, reste pour Bourdelle le type absolu de toute construction aussi bien pour la statuaire que pour l'architecture. L'une et l'autre sont soumises à la loi du Nombre et dominées par l'esprit d'unité.

Dans le temple, dans la cathédrale, un même rythme emporte la pensée au-delà des sculptures, au-delà même de la seule architecture. Pas de vie sans interpénétration, sans entente profonde « entre le silence des murs et l'éveil actif des sculptures. » « Si le choral de pierre ou de marbre ne monte pas d'un seul élan, l'accord suprême ne peut naître ».

Telles sont les conceptions de Bourdelle, lorsque sa propre formation est accomplie. Retrouver la loi monumentale, allier la qualité constructive du monument à la qualité de vie sculpturale, ordonner la composition, orchestrer les masses, créer un vaste équilibre entre le tout et les parties et pour cela devenir le maître de techniques patiemment élaborées sous l'égide et avec la perpétuelle collaboration de tout son cœur, de tout son esprit et de toute son âme : tel est l'effort auquel nous assistons en suivant pas à pas notre artiste dans le chemin montant de son génie.

C'est donc de sa séparation d'avec Rodin que date le véritable essor de Bourdelle ; mais, loin de s'être cristallisé dans une formule, il devait évoluer encore, passant de la phase païenne et panthéiste de ses grandes œuvres sculpturales du début du XXᵉ siècle, à la phase spiritualiste et symboliste de sa maturité.

CHAPITRE III

Bourdelle et l'antiquité

Comme tous ceux qui se haussent à un certain niveau d'art, Bourdelle sera classique. Et cependant, comme on l'a vu, il n'est rien d'académique dans sa formation ni dans son développement. Bien au contraire! A l'inverse des arrivés ou des suivants de l'esprit officiel, il a toujours eu en horreur l'enseignement classique dans ce qu'il a de factice et de convenu. C'est justement parce qu'à son gré un trop froid classicisme régnait à l'Ecole des Beaux-Arts qu'il a rapidement rompu avec elle.

On ne peut imaginer jusqu'à quel point peuvent être taries les sources d'inspiration et limités les moyens pour le bon élève docilement formé par l'Ecole. Ce n'est encore rien d'être contraint de chercher éternellement ses thèmes dans la littérature et dans les fables de l'Antiquité; d'être à perpétuité dans l'obligation de ressasser à leur sujet les lieux communs que connaissent si bien les concurrents pour le prix de Rome. Le plus grave est que l'on ne peut plus ensuite se dégager des habitudes de pensée prises alors! Il faudra passer sa vie à figer dans des attitudes nobles et conventionnelles, des personnages demeurant toujours, en dépit des temps et des lieux, plus ou moins des Grecs et des Romains tels que les ont peints et sculptés une fois pour toutes les fondateurs de la tradition dans l'enseignement de la rue Bonaparte. Ce n'est donc pas tant le manque de fantaisie et de variété dans les sujets que le poncif dans l'exécution qui pouvait à bon droit rebuter un jeune artiste inquiet de voir les ateliers peuplés de demi-dieux déchus dans leurs formes usées. Il les trouvait secs et guindés, sans la moindre palpitation, sans rien d'émouvant, complètement vidés de ce qui entretient la vie dans les êtres de chair, symboles ennuyeux et solennels comme des leçons de raison et froids comme d'abstraites entités.

Certes, un art éblouissant avait surgi de terre, dans ces vestiges de la Grèce ancienne, lorsque, sortant de la cachette des siècles, ils étaient venus s'abriter dans nos musées : la tentation avait été irrésistible : on s'était mis à les copier indéfiniment depuis la Renaissance, mais on n'avait guère su en pénétrer le fond.

Or, entre autres originalités, et ce n'est peut-être pas la moindre, Bourdelle présente celle-ci : il n'a cessé, d'un bout à l'autre de sa carrière, de rénover les figures et les mythes de l'antiquité, — préoccupation toute naturelle chez un Latin, chez un Méditerranéen, qui a passé sa jeunesse en ce pays d'Oc, tout imprégné de substance latine ; mais cette antiquité, il l'a renouvelée, rajeunie, revivifiée, par une compréhension d'ordre intime et générale à la fois sans rien lui devoir comme formation technique. Il s'est en effet écarté délibérément de cet enseignement à base exclusive d'antiques que la tradition a établi dans nos écoles officielles, il a senti suffisamment à temps la piètre valeur de ces copies de classiques, rabâchage sans vertus, absolument étranger à notre véritable tradition. C'est artificiellement, sans aucun mariage véritable, que la Renaissance les a implantés tout à coup chez nous. Et, depuis ce temps, des générations, séparées de leurs vraies origines, ont recommencé les mêmes devoirs et se sont stérilisées dans les mêmes conventions... En restant fidèle à sa race romane, à ses ancêtres constructeurs de cathédrales, Bourdelle, plus que tout autre, suivant le mot célèbre, s'est vraiment « délivré des Grecs et des Romains ». Si, bien souvent, les dieux de l'Olympe se réveillent sous son ciseau, c'est dans un esprit tout à fait personnel : alors une véritable résurrection s'opère par le contact de sa pensée; d'une main prudente et respectueuse, savante aussi, il dénoue les bandelettes de la Momie...

Donc, Bourdelle ne prend pas ses assises sur l'antiquité en acceptant à sa suite les cadavres qui sont issus d'elle : il la ranime de sa propre vie, car il sait bien que la vie n'a pas d'âge et reste profondément la même par delà les mœurs et les costumes.

Cette conception n'a-t-elle pas d'ailleurs été préparée par le mouvement historique et littéraire contemporain ? Les Romantiques se penchent vers l'âme humaine et retournent ainsi aux sources éternelles du lyrisme; pour en respecter les élans, que de fois ils n'hésitent pas à sacrifier hardiment les moules usés d'une forme désuète et qu'il leur faut rajeunir. En vain, les Parnassiens prétendent-ils réagir. Le rythme tumultueux de leur cœur les entraîne. Lecomte de Lisle, par exemple, n'a-t-il pas su, dans sa magnifique traduction des poèmes homériques, nous montrer dans les guerriers d'Homère des hommes en chair et en os, souvent frénétiques, toujours émouvants ? Il s'est bien gardé de transposer en littérature les fades héros de convention qu'une statuaire officielle avait platement imaginée.

D'autre part, les fouilles faites à la fin du XIXᵉ siècle et au XXᵉ siècle, en Crête, dans les Cyclades, à Mycènes, ont révélé l'existence d'une civilisation hellénique, dite archaïque, très différente, dans ses formes plastiques, dans ses mœurs, et sans doute dans son esprit, de celle qui fleurit au temps de Périclès. Alors, nous avons appris à connaître, à apprécier cet art grec antérieur au second Parthénon. Restituant à la mythologie hellénique son véritable sens, sous la fable un peu enfantine ou légèrement comique avec laquelle nous sommes familiarisés depuis notre enfance, nous avons discerné une pensée poétique ou philosophique se rattachant aux racines humaines; nous avons surpris dans la personnification des formes naturelles une recherche d'ordre spirituel vers une explication du monde. Ainsi, les mythes desséchés retrouvent leur sève; les personnages de l'antiquité sont des jeunes hommes et des jeunes femmes bouillonnant de vie au temps de la jeunesse d'un monde.

Ce bouillonnement de vie, Bourdelle n'avait qu'à écouter en lui-même pour le retrouver, car c'est précisément à cette éternelle source de leur propre cœur que savent puiser les grands artistes. Bourdelle a formé sa pensée non par les livres mais par la méditation personnelle et par la contemplation de cette nature qu'avaient, avant lui, essayé de comprendre des hommes de tant de civilisations diverses et dont, avant lui, ils avaient cherché le sens.

Alors, en présence des antiques, il s'est trouvé de plain-pied avec leur éloquence directe et non avec celle cristallisée par des maîtres routiniers et obtus. C'est pourquoi ces antiques lui ont apporté ingénument et d'emblée une clarté harmonieuse avec l'expression de sa propre pensée, — cette pensée de plus en plus pénétrée de naturalisme panthéiste, puis, en s'élevant sur elle-même, de symbolisme transcendant. Nul effort chez lui pour cela. Car, il faut bien le remarquer, son but n'est pas du tout de chercher à rejoindre tels ou tels siècles passés, mais uniquement de se conformer à lui-même : c'est par cette voie de sincérité et de clairvoyance qu'il se trouve naturellement avec eux.

Source inépuisable d'humanité, l'antiquité a constamment reparu dans la longue suite des travaux de Bourdelle; elle s'y renouvelle sous les espèces les plus variées; elle s'y rajeunit, s'adapte en quelque sorte à notre vie contemporaine. C'est ainsi que sous la forme de *Bacchus*, celui qui distribue aux hommes une ivresse divine, le sculpteur a conçu *Beethoven*, quand il a voulu exécuter le premier buste du génial musicien; pour mieux exprimer sa pensée, il a trouvé naturel d'identifier son héros au jeune dieu, ce Dyonisos, maître souverain de l'inspiration, sans lequel s'éteindrait à jamais le délire sacré des Muses.

Certes, la difficulté de tels sujets est immense : touchant aux légendes païennes si souvent évoquées, aux vieux symboles qui tiennent au cœur de l'humanité et qui ont de tous temps séduits artistes et poètes, il est facile de tomber dans la fausseté d'une allégorie de commande; l'écueil est de ne ressusciter qu'un souvenir épisodique, anecdotique et littéraire, sans valeur au point de vue sculptural. Mais conserver à l'œuvre toute sa signification en la maintenant à la fois dans le plan humain et dans celui de l'art, voilà précisément où se reconnaît le Maître; voilà où triomphe Bourdelle. Il a su incarner son presque contemporain

Beethoven sous les traits antiques d'un Bacchus en parant le personnage divin, né de l'imagination humaine tout au fond de la nuit des âges, d'une saveur d'actualité et de nouveauté émouvante. Chez Bourdelle plus que jamais, la pierre sculptée n'a de prix et de signification que par sa qualité purement humaine.

Dans le même esprit et avec le même bonheur, le mythe d'*Aphrodite* le séduit; une délicieuse figure de femme pleine à fois de spiritualité et de sensualité, sur les lèvres de laquelle erre un sourire mystérieux, évoque la naissance d'*Aphrodite*, c'est-à-dire de la Beauté.

Voici ensuite la tête d'*Apollon au combat!* combat grandiose, de surhumaine envergure et qui nous transporte aussitôt au rang même des héros. Cette œuvre capitale dans la carrière de notre sculpteur, marque pour la première fois l'entière possession de l'art qu'il ambitionne, et peut se ranger parmi les plus hauts chefs-d'œuvre de l'art sculptural. L'admirable économie des structures intérieures témoigne d'un savoir maintenant pénétré des lois fondamentales et secrètes de cet art. Double réussite : la grande technique constructive qui est l'effort permanent de Bourdelle d'une part, d'autre part, marchant de pair, la perfection intime du modelé de surface. Cet aboutissant de la vie profonde et organique prend ses assises sur la musculature, l'ossature, le torrent sanguin, le frémissement nerveux et au centre de tout : la pensée, le sentiment, l'âme. Apollon frémit de colère et de dédain; il est sûr de sa propre force concentrée. Rien d'un fade conducteur de muses, du mièvre Apollon classique. Guerrier farouche, il est, malgré son ardeur belliqueuse, et suivant les mythes orientaux où le mythe hellénique a sa source, le dieu bienfaisant de la force intérieure, celui de la raison triomphante; il n'est donc pas seulement force brutale, mais intelligence venant au secours des bras. L'œuvre force notre regard par son exceptionnelle maîtrise : on pourrait la croire sortie du vieux sol de la Grèce tant il y a de rigueur dans les accords de ses profils, tant il y a de majesté humaine sur les traits aussi beaux, aussi nobles et aussi vrais que sur n'importe quelle tête sculptée des plus belles époques de l'art; et pourtant ce visage humain semble d'aujourd'hui tant il y a de jeunesse et de renouveau dans son relief sculptural; il a trop de vérité pour n'être pas le contemporain des hommes de tous les temps.

Après l'évocation d'Apollon, celle d'Héraklès, le demi-dieu qui représente les débuts de la civilisation en marche, l'homme en lutte contre les forces mauvaises de la nature, contre les dieux eux-mêmes quand ils nous oppriment. Bourdelle le conçoit dans le déploiement de sa colère et de sa puissance, prêt à purger l'univers de ses impuretés; c'est le tueur de monstres tel que le représente cette partie de la légende où le héros s'attaque aux oiseaux du lac Stymphale... C'est *Héraklès archer*. Hercule, campé sur son genou, s'arcboute de l'autre jambe contre un rocher, et dans un effort prodigieux, bande son arc qu'il dirige vers le ciel. Ce n'est pas l'Hercule aux traits réguliers, au visage classique qui s'incline pour filer aux pieds d'Omphale. Non! son visage est dur, presque bestial sous son front bas, celui de l'homme primitif, force brute et naturelle, impitoyable, comme avant toute civilisation...

De la même veine, de la même inspiration puissante, de la même vision juste des mythes humains mais représentant une humanité déjà élevée jusqu'aux durs efforts pour se dégager de l'animalité, vient le *Centaure mourant;* œuvre capitale elle aussi et dont nous reparlerons longuement; renouvellement puissant d'un antique symbole : celui de la dualité de l'être humain que son esprit soulève toujours plus haut tandis que le retient la matière. Bourdelle a rajeuni à sa façon et sous une forme extrêmement émouvante la vieille fable platonicienne des chevaux qui tiraillent l'homme les uns voulant le faire monter vers les nues, les autres le ramener vers la terre. Ici cette même pensée surgit du contraste magnifiquement exprimé entre la douceur et la fierté du visage humain semblant promis à des destinées angéliques et la splendide animalité du poitrail, de la croupe et des membres nerveux du cheval.

Une semblable inquiétude du triomphe de la beauté morale. transparaît dans la *Pallas Athéné,* sculptée en 1905; dressée comme un fût de colonne antique, elle se surmonte d'une charmante petite tête toute rayonnante d'énergie et de pensée. Bourdelle y montre aussi comment il a su voir l'aspect frais et souriant de l'antiquité. Cette fraîcheur et ce sourire, voilà ce qui passe inaperçu à nos sempiternels copistes des moulages de Musée.

Mais lui, de quelle jeunesse éternelle il dote une *Diane* qui sort de son ciseau gracile et chaste en son allongement voluptueux ! Et sa *Bacchante fouleuse de grappes !* et encore son exquise *Daphné changée en laurier...* On dirait l'illustration des vers qu'Homère fait adresser par Ulysse à Nausicaa : « O jeune fille, étant à Délos, je vis un palmier élancé... Tu me rappelles ce palmier... » Le beau corps féminin de Daphné s'élève en hauteur ainsi qu'une colonne vivante surmontée de la gracieuse guirlande des bras qui se terminent en branches de laurier. N'est-elle pas plutôt une charmante interprétation des métamorphoses d'Ovide ?

Dans cet esprit Bourdelle a d'ailleurs composé maintes illustrations de divers poèmes antiques ; des dessins surtout, dont il conserve dans ses cartons les très riches et très abondantes séries : celle des *Métamorphoses d'Ovide*, précisément, ou par exemple la suite des *Centaures et des Centauresses*.

Autre figure antique sculptée : *Pénélope attendant le retour d'Ulysse*. L'artiste, fidèle à ses conceptions emprunte à l'épisode homérique ce qu'elle contient d'immuable et de général : personnification de l'attente fidèle, cette femme robuste qu'ennoblit la douleur ne pourrait-elle être, aussi bien que l'épouse d'Ulysse, la femme d'un marin breton scrutant les flots ? Une immense poésie entoure cette figure construite à l'échelle de l'humanité et à celle de l'Océan.

Elle est encore de notre cœur et de notre pensée la *Sapho* de Bourdelle : pathétique représentation de la grande poétesse, assise accoudée sur sa lyre, penchant sa tête comme accablée sous le poids de l'inspiration... ou peut-être effrayée par le terrible visage de l'amour qui soudain lui est apparu. Certes, l'on songe aux stances passionnées de la célèbre Eolienne, mais ne serait-elle pas aussi bien une Desbordes-Valmore ou mieux, quelque éternelle prêtresse de l'immortelle Poésie ?

Où Bourdelle trouve plus que jamais l'occasion de satisfaire pleinement son goût des légendes grecques c'est au théâtre des

Champs-Elysées quand on lui en confie la décoration. Au cours de deux années les plus occupées peut-être de son existence, il sculpte à ce propos de saisissants bas-reliefs.

D'abord, l'artiste place le théâtre sous le signe d'Apollon. Au tympan de la façade, il représente le dieu dans sa majesté olympienne. Un noble hiératisme nous introduit d'emblée dans les hautes régions de l'Art. Les divers tableaux sculptés de cette façade participent de ce sentiment. Ils sont pourtant frémissants de verve, de lyrisme et de fantaisie : la *Muse domptant Pégase*, la *Comédie*, la *Tragédie*, *Athéné combattant*... tous marquent une sorte de rattachement des conceptions modernes à celles du monde hellénique, un esprit de continuité dans cette chaîne des formes et des aspirations humaines au travers des civilisations, en même temps que les étapes de l'ascension de Bourdelle vers la pureté spirituelle enclose dans la pureté formelle.

Les anciens mythes ont une telle puissance de vie, ils sont si liés à la nature permanente dont ils sont sortis, que leur force de vérité n'est pas près de s'éteindre ; ils touchent si bien le fond des passions humaines que leurs symboles sont d'une perpétuelle jeunesse, et restent à jamais d'admirables prétextes pour les poètes et les artistes. L'inépuisable source de lyrisme qu'ils offrent est une fontaine de jouvence.

Heureux, Bourdelle, de s'y être abreuvé.

D'ailleurs, quels que soient les sujets auxquels sa pensée s'arrête, de quelque ancienneté qu'il les pare et quelle que soit aussi leur raison d'actualité, il les fait vivants de cette vie qui n'a pas d'âge et qui est de tous les âges ; éternel renouveau d'une vigueur sans cesse renaissante selon un modèle jamais épuisé, tout cela comme s'il rentrait dans le secret même de la nature.

L'« Antiquité » de Bourdelle sort de la terre : elle est celle d'un homme en contact avec son terroir, avec le paganisme éternel que ce terroir porte en lui.

CHAPITRE IV

Bourdelle et la Nature

L'artiste a plusieurs manières de se comporter vis-à-vis de la nature. Une controverse toujours renouvelée est celle des relations entre l'art et la nature, la vérité et la fiction, le réel et le rêve. Les uns s'en tiennent au souci d'exactitude, les autres à la supériorité de l'imagination. Mais ce ne sont que discussions byzantines, parfois de beaucoup d'élégance et d'ingéniosité quand elles sont d'O. Wilde par exemple, et qui ne vivent guère que de malentendus. D'ailleurs, ceux qui puisent délibérément leurs modèles dans la réalité concrète en s'appliquant à reproduire servilement l'exactitude des formes sont aussi éloignés de la maîtrise d'art que ceux qui lui tournent le dos de parti pris.

Copier la nature est un moyen et non un but. Qui veut apprendre son métier doit commencer par copier exactement. « Suivre le modèle tel qu'il est donne une force incalculable, disait Bourdelle, mais cela ne conduit pas à grand'chose si l'on s'en tient à un réalisme terre à terre de chalcographe. » Un mouleur n'est pas un artiste.

Mais le pire qui puisse arriver c'est, sous prétexte de fantaisie personnelle mal conduite, ou bien pour satisfaire une doctrine, ou encore par défaut de saine vision, de tomber dans l'artificiel, le conventionnel, le poncif c'est-à-dire dans un art dépouillé de ses principales vertus qui sont celles d'universalité, de durée et de vie.

Que de statuaires modernes, pitoyables décorateurs de nos places publiques, s'imaginent tirer de leur propre fond un travail de leurs mains qui ne peut hélas! affronter la face du ciel sans dommage! Sculptant une statue pour un jardin ou pour un carrefour urbain, ils ont tellement perdu le sens du plein air et du décor mouvant de la vie que leur triste figure de pierre ou de bronze fait mine de s'y ennuyer furieusement et se trouve totalement dépaysée. Ils ne sont bons qu'à exécuter ce qu'on appelle par dérision « de beaux sujets de pendule », parfaits exemples de déchéance de l'art par éloignement de la nature.

La Nature, malheur à qui l'oublie, est l'éternel guide de l'homme; nul ne s'affranchit impunément de ses leçons. Que serait l'artiste sans elle? Il suffit de réfléchir un instant pour répondre: rien. Et d'ailleurs, avoir un tempérament d'artiste, n'est-ce pas, avant tout, posséder ce don primordial de réceptivité aux appels voilés, aux effluves mystérieuses qui se dégagent de l'esprit des êtres et des choses? Cet exquis sentiment qui place le poète au centre de la création « comme un écho sonore » et le rend éminemment vibrant au langage des harmonies terrestres, aux spectacles variés des heures et des saisons, demande un primordial degré d'initiation et d'amour; puis une soumission intelligente à l'enseignement du réel.

Faire comme l'on pense et comme l'on voit, c'est se réaliser soi-même suivant sa propre vision: difficile sincérité qui fait la grandeur d'un homme; véritable fidélité à la nature.

Le monde qui nous entoure ne livre ses secrets qu'à ceux qui savent les entendre. Savoir voir, savoir comprendre, c'est déjà la moitié de l'art. Si l'objet ne se sépare pas de la vision qu'on en a, encore faut-il joindre à l'acuité du regard, la hardiesse de voir et l'affranchissement de l'esprit. — « Chacun sa vérité », a-t-on dit par optimisme sans doute, car, hélas! c'est le plus souvent: chacun la vérité de tout le monde! qu'il faudrait dire; la vérité du convenu ou de la mode, celle d'un cénacle ou d'une doctrine régnante.

En copiant une nature charmante, combien restent fermés devant elle, s'efforçant à leur insu de faire du déjà vu; incapables de rester le serviteur de la forme nouvelle, ils ne savent pas se

renouveler à chaque œuvre qu'ils tentent. Voyez pourtant la
vérité mouvante, variée, sans cesse renaissante d'un Phidias dont
les cavaliers et les personnages sont divers comme dans la nature !
C'est que celui qui veut aller très loin doit avoir en lui la puissance du vrai.

D'ailleurs, « la façon de travailler vient de la façon de penser » :
établir dans sa pensée l'essentiel de ce que l'on voit, arriver à
la grandeur de l'art en pénétrant le fond vrai du modèle pour lui
donner toute l'ampleur d'une création, remonter des tressaillements de la matière à ceux de l'esprit qui l'anime, tel est l'effort
constant de Bourdelle. Ainsi, son art ne cherche point de perfection artificielle : il veut une compréhension meilleure que le
simple aperçu banal de surface ; un élargissement de la vision,
mais sans perdre jamais le contact du réel.

Qu'il faut être grand en art pour oser, sans danger, suivre la
nature dans ce qu'elle présente de tout à fait général. Qu'il faut
avoir le sentiment de sa force pour se risquer à vouloir s'épurer
vers l'essentiel, pour s'engager dans cette voie sévère où l'écueil
est de trop s'abstraire dans la géométrie, dans la formule et, définitivement peut-être, perdre le contact de la vie. N'avons-nous pas
vu un cubisme quasi intégral conduire à la cristallisation de tout
mouvement, de toute chaleur, de toute vie, — ce non-être ?

Cette adhésion aux lois de la vie qui se retrouvent identiques
dans un organisme vivant et dans une œuvre d'art digne de ce
nom, ont inspiré à Bourdelle une sorte de profession de foi qui
nous paraît admirablement résumer la magnifique attitude du
Maître d'Œuvres contemporain à l'égard de la nature même.

« Que du moins, vous, blocs de marbre, blocs intacts, vous,
faits de neige étincelante, — s'écrie-t-il dans la péroraison d'une
vibrante leçon à ses élèves, — je sache par des formes simples,
par des constructions logiques, vous épargner des sculptures en
plans choqués, désunis, des plans sans ordre simple *pour lesquels
la montagne ne vous fit pas !* Le temps sait sculpter vos carrières !
J'ai suivi le grand art du temps sur les rochers... On ne peut
rien concevoir de plus grand que de copier très humblement,

de loin, du cœur de notre terre, les temples entassés, bâtis, sculptés par tous les bras du vent.

Toute la nature nous guide. »

Telle est la manière de « copier très humblement la nature » que se propose Bourdelle.

Il n'est pas sans intérêt de le remarquer : ce fut précisément celle des sculpteurs gothiques et romans dont à juste titre Bourdelle se réclame comme de ses prédécesseurs les plus authentiques. Les premiers constituent le chaînon qui le relie aux constructeurs romans, ses vrais maîtres.

On sait d'autre part combien les gothiques ont aimé introduire les éléments de la nature dans leurs motifs décoratifs. Ils ont animé leurs édifices de fleurs, feuilles et fruits, d'animaux même ; ils ont sculpté dans la pierre les dentelles savantes de feuillages entrelacés, sans compter les mille représentations de scènes quotidiennes autour de graves statues de leurs saints et de Dieu. Ils ont su faire vivant tout en stylisant ; cherchant à confier à la pérennité relative du granit ou du marbre la fragilité de la vie.

Ils ont montré ainsi, plus que tout autre, que faire vivant n'excluait pas, bien au contraire, exprimer la vie spirituelle, que la vie d'âme est l'essence de toute vie ; que le souci d'imitation peut s'inspirer de la nature sans servilité. Ils ont eu assez d'élévation d'esprit pour s'affranchir eux aussi de la littéralité de surface, répudiant tout réalisme vide de richesse intérieure. Ils ont bâti et sculpté dans la plénitude de leurs forces d'art et pourtant chez eux la nature est présente partout.

Telle est la lignée à laquelle appartient authentiquement Bourdelle.

Dans la moindre des statues de ce maître-sculpteur, les ressources profondes de l'Esprit sont si bien liées aux formes terrestres et universelles qu'elles ne cessent jamais de leur appartenir. Non seulement sa force est d'en comprendre et d'en respecter le langage, mais encore, comme chez les gothiques, il éprouve presque toujours le besoin de rendre la nature présente dans son œuvre d'une manière en quelque sorte tangible.

Non qu'il aille puérilement prendre pour l'objet de son art l'évocation terre à terre d'un motif agreste ou maritime, mais toujours, sous son ébauchoir, du buste au vaste monument, un profond sentiment de la solidarité universelle des êtres apparaît, toujours on sent chez lui que le personnage est conçu dans la nature et en fonction de la nature.

Regardez *Héraklès archer*: ce dieu brutal pèse de toute sa force sur le rocher fruste tandis que des deux mains il tend son arc : ce gros bloc suffit pour que paraisse à nos yeux le paysage chaotique et grandiose des premiers âges du monde; ce morceau de bloc à lui seul fait vivre des amoncellements primitifs dans une clairière; il est un témoignage vrai de la contrée abrupte et encore sauvage où s'ébattaient les mauvais oiseaux du lac Stymphale.

Voici la *Baigneuse,* cette charmante jeune fille, sœur des nymphes de Jean Goujon, dont elle a la svelte robustesse. D'un geste naturel elle touche son talon qu'un caillou pointu sans doute vient de froisser; le bloc de rocher sur lequel elle s'appuie. dresse devant nos yeux les abords d'une grève de mer, en face d'un vaste horizon, tandis que la transparence de son jeune corps trahit la luminosité qui le baigne.

Le *Fruit,* c'est la notation d'un des plus pathétiques instants de la vie d'une jeune fille; celui où cessant d'être une adolescente, elle devient une femme. Se dressant dans le naïf orgueil de sa jeunesse et de sa beauté, elle s'offre à la vie, à l'amour. Elle tient des pommes dans sa main : il n'en faut pas plus pour que le verger et le soleil d'été soient avec elles : impérieuse évocation en même temps que clair symbole... Ce nu, un des plus voluptueux qu'ait créé Bourdelle, est une image de la féminité, fière, hardie, poussée par l'instinct selon sa loi d'amour, frémissante mais pure.

Nobles Fardeaux est une inspiration assez semblable : ils disent la dignité de la femme dont le flanc s'arrondit par la maternité et qui, tenant un jeune enfant sur son sein, une corbeille de fruits sur sa tête, s'avance majestueusement. Comme elle exprime bien, cette œuvre, le génie de la race et la fécondité éternelle de la Nature !... Jamais d'ailleurs, chez Bourdelle, de fades allégories. Pour rendre puissamment symbolique ses statues, il lui a suffi de dégager ce qu'une figure, qui lui a semblé caractéristique, contient d'éternelle humanité ! et c'est pourquoi le réalisme dans le meilleur sens du mot s'allie chez lui au symbolisme.

La fraîcheur de l'églogue antique anime le paysage que contient avec lui le *Petit Faune Chevrier*. Assis sur un rocher, l'enfant robuste et gracieux joue de la double flûte et réveille de ses sons mélodieux la musique des échos champêtres ; une danse universelle, pour ainsi dire devinée, s'évoque discrètement autour de lui tandis qu'une chèvre grimpe derrière le jeune Pan et le caresse délicatement de son menton sur un rythme familier et charmant. L'enfant s'abandonne au jeu et sa musculature déjà puissante ajoute beaucoup d'éclat à son expression de douceur et de rêverie pastorales. Sans doute Bourdelle a-t-il lu Virgile, mais c'est par la seule observation de la nature qu'il a recréé sa poésie.

Une *Daphné* changée en lauriers semblera sortie des *Métamorphoses* d'Ovide, mais bien plutôt des primitives légendes de l'humanité où chaque plante avait une âme. Belle réalisation d'architecte-sculpteur où tout va de pair : le sens ornemental, la composition constructive, la vie du corps féminin qui se termine vers le ciel en beau laurier de nos jardins...

Parfois la Nature n'est en quelque sorte qu'implicitement indiquée dans l'œuvre bourdellienne ; mais elle n'en est pas moins présente, même dans ces cas, par la nécessité où l'on se trouve de la supposer, avec des caractères déterminés et précis, pour la bonne compréhension de l'ensemble. Deux exemples montreront à quel point Bourdelle pousse ce souci de vérité qui le porte à placer toujours par la pensée les êtres qu'il crée dans le cadre naturel de leur action :

Sa *Pénélope* évoque, autant par son attitude que par la masse et l'aspect de son piédestal, le promontoire battu par les flots devant la mer immense et déserte, tandis que, par contraste, la *Vierge à l'Offrande*, œuvre plus récente d'un caractère bien différent, ne peut guère s'accommoder que de la hauteur et de la pureté des cimes d'où l'on embrasse un paysage humanisé, une riche et heureuse vallée où des hommes travaillent, levant la tête vers l'espérance qui leur tend les bras.

C'est que Bourdelle, avant de commencer son travail, se documente et tient à s'inspirer des lieux où sera placée sa statue; il se représente d'abord le plus nettement possible la contrée qui va la recevoir, les éléments au milieu desquels et les horizons en face desquels elle est destinée à vivre. Il veut qu'elle y soit acceptée, non en étrangère que tout repousse par incompatibilité foncière, mais en habitante véridique d'allures et de sentiments. Il conçoit alors et exécute sa maquette dans l'esprit du pays entier, le prenant comme fond de tableau indispensable, sans lequel rien ne saurait se comprendre. C'est pourquoi ses figures portent avec elles si fidèlement et si parfaitement leur ambiance totale, car Bourdelle a le don d'évocation et de résurrection parce qu'il a celui de sympathie et d'amour.

Dans cet ordre d'idées, combien d'autres exquises statues pourrions-nous encore citer ?

Mais surtout que de pastorales délicieuses nous ramenant au pur sentiment de la nature, si nous pénétrions, comme nous le ferons plus loin, dans le domaine de Bourdelle-peintre; nous le suivrions dans des jardins aux sèves magnifiques, dans des sous-bois pleins du mystère des ombres et de la fraîcheur des rosées matinales, dans des campagnes où vivent les lignes, austères et fécondes à la fois, des grands espaces terrestres, où se manifetent le labeur humain et la force vitale divine.

Voyez, par exemple, cette charmante toile d'il y a trente ans environ, qu'il intitule l'*Ombre verte*. Quel pénétrant poème de la nature sous ces ombrages opaques où la vie végétale s'élance, dans son exubérance, au-delà des limites voulues du jardinier, pour faire un nid de recueillement, de silence et de plénitude: une jeune femme rêve là, assise sur le vieux banc rongé de mousse. Et tout vit, tout respire, tout palpite, tout est naturel dans ces couleurs où l'accent personnel du peintre ajoute pourtant cette qualité indéfinissable et essentielle de l'œuvre d'art et du style.

Les fresques du Théâtre des Champs-Elysées sont encore là pour témoigner de cette étonnante maîtrise qui sait unir la vérité de la vie champêtre, l'air même des sommets et le visage du ciel à cette sorte de mot d'ordre intérieur qu'est le style d'un grand artiste.

Quand il pénètre dans le monde de « nos frères inférieurs »,
le voici encore un observateur plein de divination pour les formes
vivantes et le secret de la vie.

Bourdelle est un fervent admirateur de Barye, en qui il salue
le « seul immense statuaire du XIXe siècle ». A son exemple, il
est lui aussi un remarquable sculpteur animalier. Sans doute, les
animaux font-il rarement les uniques sujets de ses sculptures.
Mais la représentation de leurs attitudes si plastiques lui a inspiré
des chefs-d'œuvre.

Les impressions d'enfance, là encore, lui ont profondément
servi. Auprès de ses oncles chevriers, il a mené autrefois la vie
des bergers, et tant d'effluves champêtres l'ont imprégné que
son cœur est resté façonné pour toujours par les airs de la syrinx
et les libres ébats des troupeaux. Avec une fidélité de mémoire
incroyable, à diverses époques, il s'est complu à retracer dans
la glaise maints aspects de la vie pastorale; chevreaux sautant
sur les rochers, jeunes béliers, agneaux, brebis, avec leurs voix
et leurs sonnailles, entourent familièrement le berger, jouent avec
lui en des scènes à la fois débordantes de vérité et de poésie.
Les animaux y sont presque toujours le personnage principal et
rien n'est sacrifié de ce qui doit les mettre en valeur, leur développement sculptural étant poussé avec une conscience technique
qui donne toute sa plénitude à l'évocation cordiale, poétique et
vivante.

Le thème des Centaures l'a bien souvent obsédé et dans cette
figuration en double partie, leur vigueur bestiale n'est pas moins
puissante qu'est touchante leur expression humaine.

Lorsque Bourdelle reçut la commande du monument d'Alvéar,
il fut tout heureux d'avoir l'occasion de faire une œuvre où la
représentation du cheval devait tenir une grande place. Pendant
de longues journées, il se mit à observer les chevaux pour bien
comprendre le mécanisme de leurs mouvements et la vie particulière révélée par leurs formes.

Facilement, la plupart de ceux qui entreprennent de représenter les animaux ne voient guère qu'une robe ou qu'un pelage
assez semblables à ceux des animaux naturalisés dans des attitudes de carton. Déceler la vie qui se cache sous les téguments

plus épais et moins nus que l'épiderme humain, comprendre les réactions dont nous ne possédons que très imparfaitement les secrets, saisir la beauté animale qui, elle aussi, a son intimité, sa profondeur et sa perfection, voilà ce qui n'est pas à la portée de n'importe quel crayon ou de n'importe quel ciseau. Un sens de pénétration très aigu est aussi indispensable pour figurer un beau coursier avec son caractère, sa fougue frémissante, par exemple, que pour établir la présence réelle d'un homme sous des vêtements ou faire transparaître une existence morale sous le masque conventionnel du civilisé.

Connaissant les frises du Parthénon, les chevaux de Saint-Marc, les dessins du Vinci pour la gigantesque statue équestre de Sforza... Bourdelle n'a rien imité de ce qui ne pouvait pas l'éclairer sur lui-même. Il a préféré chercher ses modèles directement sur le vif dans l'existence mouvementée d'un quartier de cavalerie. C'est là que, pendant les longues heures de nombreuses journées, il a étudié à loisir les plus brillants étalons choisis par des gens de métier pour représenter noblement la race. Une collection considérable de dessins, d'aquarelles, de gouaches, en est sortie et ce sont eux maintenant qui, fondus dans le métal, avec leurs cent profils, donnent au monument une saveur et une valeur de vérité incomparables.

Remarquons, d'ailleurs, que sa méthode est tout l'opposé de celle de Michel-Ange : celui-ci cût étudié d'abord l'anatomie du cheval. Etude oiseuse pense Bourdelle : l'artiste doit non copier scientifiquement en quelque sorte la nature, mais la recomposer par un travail d'élaboration dans sa pensée.

Il lui suffit, à lui, de saisir l'idée qui se manifeste dans la forme et, replaçant cette idée au centre de sa statue, cheval ou homme, il saura la modeler du dedans.

Aussi, au brave vétérinaire qui lui demandait, avec un peu de raillerie dans la voix :

« Connaissez-vous seulement l'anatomie du cheval ? » fit-il cette réponse :

— Vous la connaissez bien, vous ?

— Oui, certainement !...

— Eh bien ! prenez donc mon crayon et dessinez un cheval... »
et laissa son interlocuteur tout pantois...

Les sciences naturelles sont une sorte d'inventaire de pièces
cristallisées, collectionnées comme dans la vitrine d'un minéra-
logiste... L'Art n'a que faire d'une histoire des muscles et d'un
traité d'anatomie. Il surprend sur le vif les rapports plastiques
et cela lui suffit.

Encore une fois, Bourdelle n'imite pas servilement, il recrée...

Il demande à la nature plus que les matériaux, à l'art plus que
l'outil par lequel peut se faire une mise au point mécanique;
mais à l'une et à l'autre, les secrets mêmes de la vie.

CHAPITRE V

Bourdelle, dessinateur et coloriste

On nous rapporte que Bourdelle, dès l'enfance, avait une passion très vive pour le dessin et qu'il passait tout son temps à la satisfaire.

A l'école, parfaitement étranger aux leçons des maîtres, sur la moindre feuille de papier qui tombait sous son crayon, il dessinait. Il dessinait encore pendant les récréations. Pendant ces instants de liberté où les enfants s'ébaudissent, il traduisait sa fantaisie naissante en ébauches naïves jusque sur les cailloux qu'il ramassait à terre, échangeant ces rapides croquis enfantins contre quelques bonbons, quelques jouets ou quelques sous. C'était sa seule manière de s'épanouir vraiment. Il usait ainsi d'un don que les dieux généreux avaient versé sur son berceau.

Merveilleusement doué pour le langage des images, Bourdelle dessine donc depuis sa naissance. Pas un seul jour de son existence ne s'est écoulé sans qu'il n'ait confié au papier soit des études acharnées et appliquées, soit de simples notations pour alléger sa mémoire ou préparer des travaux à venir.

Voilà qui est de première importance pour comprendre l'œuvre entière de notre sculpteur.

Tous les artistes savent que le dessin est la suprême écriture

de l'art, la plus personnelle en même temps que la plus générale
des écritures. Purement idéographique, chaque figuration dessinée est l'hiéroglyphe d'une idée, d'un sentiment, d'une sensation, d'une pensée. Elle reflète l'être dont elle émane. Elle dit
non seulement ce que cet être a voulu y mettre expressément
mais encore ce qu'il y a mis sans le vouloir; elle découvre jusqu'à ses qualités les plus intimes et les plus voilées.

Un dessin, mieux qu'un texte manuscrit, est à la fois la preuve
d'un savoir, une confidence, un aveu et une confession involontaire. C'est un travail de la pensée et de l'imagination, un reflet
de l'âme et du sentiment, du tour d'esprit distingué ou vulgaire,
une personnalité totale enfin révélée avec sa complexité spirituelle, sensible et sensuelle.

Un dessin s'offre narratif, descriptif et pittoresque; philosophique; grave ou enjoué; passionné, humoristique, léger ou sévère.
Il appartient au drame, à la comédie, à l'églogue, au vaudeville,
à l'éloquence. Il traîne dans les bas-fonds sociaux ou s'élève avec
l'âme jusqu'aux sommets de la plus haute poésie; il suit la pensée dans ses élans les plus sublimes.

Tantôt, nous le voyons banal, vulgaire, superficiel; tantôt, il
nous apporte noblesse, grandeur, révélation et vérité profonde
Parfois, son étoffe mince et fragile ne résiste guère au plus léger
contact; parfois, sa trame solide et serrée oppose au profane sa
riche matière, bien habitée, durable pour l'éternité humaine —
celle que peut concevoir, pénétrer et instituer le travailleur mor-
tel quand il s'appelle Bourdelle.

Que Bourdelle soit né dessinateur, cela veut donc dire qu'il
nous est arrivé avec un langage propre et par conséquent un
Esprit personnel; avec, dans cet esprit et dans son cœur, les
mille oiseaux multicolores d'une imagination frémissante. Apprendre à dessiner, comme apprendre à écrire, n'est autre chose que
s'initier aux règles d'une convention qui tend à faire descendre
celui qui s'exprime dans la banalité du domaine commun. Bien
différent est le don de naissance; mais il lui faut se perfectionner
selon lui-même, en se gardant bien de perdre les trésors de sa
propre individualité. « N'échange pas ton chant naturel, s'écrie
Emerson, contre une cantilène apprise par cœur. »

Ah ! que nous aimons suivre le « chant naturel » de Bourdelle, sa verve créatrice, son riche lyrisme dans le flot des images qui se précipitent suivant le vol de sa pensée. Jamais il ne se donne mieux libre cours que dans les innombrables dessins, parfois très poussés, qui toujours précèdent chez lui l'œuvre destinée au bronze ou au marbre. Découvrir comment le sculpteur a d'abord construit ses personnages par le dessin, c'est saisir leurs racines d'esprit, leurs attaches de pensée, la genèse de leur élaboration. Bourdelle n'a jamais entrepris le moindre travail de sculpteur ou de décorateur sans l'avoir mûri dans son cerveau et dans son cœur, la plume ou le stylo à la main, objectivant sans cesse en cent croquis les formes successives par lesquelles ses figurations prennent vie. D'ailleurs, à défaut de ces notations préliminaires, comment modeler la glaise ou tailler la pierre sans suivre un dessin mental précis, ou plutôt autant de dessins associés que de profils enchevêtrés dans la ronde-bosse ou le relief. La sculpture n'est pas autre chose que du dessin dans tous les sens.

C'est pourquoi la discipline constante du dessin est pour Bourdelle un des éléments les plus solides de sa maîtrise. Il la considère comme la base essentielle de son art. « Là où il y a un vrai sculpteur, a-t-il dit, soyez certain qu'il y a un sûr dessinateur ». Et encore : « Faites beaucoup de dessin pour ordonner votre esprit. »

Et de fait, cet exercice indispensable du dessin est un peu ce que sont les gammes quotidiennes pour le pianiste, mieux encore car il n'en a ni le mécanisme, ni l'impersonnalité.

Les dessins de sculpteurs sont d'ailleurs en général caractéristiques : ils sont solidement charpentés. Exécutés par larges touches bien en place et par masses constructives nettes, ils présentent des reliefs et des saillies comme s'ils avaient été pensés pour la ronde-bosse, conçus pour une matière qui commande un style ferme et dépouillé ; ce n'est pas un petit sentiment pictural, mais le cerveau actif qui a devancé la main. Ainsi en est-il chez Bourdelle. Le trait souple, nerveux, frémissant et libre, révèle chez cet artiste une nature complexe où il existe encore autre chose que les dons d'un grand sculpteur : un riche élément qualitatif

venu de l'homme et nettement différencié de l'élément géométrique et sec du faiseur d'épures. Le sentiment, la philosophie,
la plastique et la science s'y rejoignent ; un dessin de Bourdelle
est une synthèse puissante avec, en son centre et dans toute sa
substance, l'étincelle de la vie et le rythme d'une âme. Présence
impondérable, ailée, mystérieuse et divine sans laquelle l'artiste
n'est qu'un simple travailleur manuel.

Ce qui frappe le plus chez Bourdelle, c'est une science consom-
mée allant de pair avec une incroyable facilité, avec une faculté
d'enthousiasme, une frénésie de barde inspiré qui semble ne
devoir jamais s'arrêter. Quand il s'y met, il fait sortir des séries
pour ainsi dire inépuisables de croquis dessinés parfois en une
matinée d'inspiration sur un sujet qui le hante.

Et ce qui complète vraiment cette nature d'artiste, à laquelle
aucun des moyens ne manque pour exprimer les nuances les
plus délicates et pour ainsi dire musicales de la sensibilité, c'est
que Bourdelle n'est pas seulement dessinateur-né : il est encore
foncièrement peintre. Il entre parfaitement dans le secret des
couleurs et c'est par les couleurs qu'il se manifeste totalement.

Le dessin, avons-nous dit, c'est l'Esprit qui parle : un simple
trait avec sa courbe, son inflexion, sa vibration, sa plénitude,
peut synthétiser un monde. Mais la couleur, c'est la mélodie
intime, le sentiment avec sa musicalité, l'illustration d'une pensée
par son frémissement natif et spécifique, le chant de l'âme. C'est
un attribut individuel qui touche aux fibres profondes et à l'essence même de la vie.

La couleur est sensibilité pure : elle émeut et s'adresse aux
sens avec autant d'impétuosité que la Musique. C'est même
quelquefois son point faible, car il s'agit pour l'art de s'élever
toujours au-dessus de l'acte physiologique vulgaire jusqu'à l'émotion esthétique.

Notre puissant philosophe Bergson, celui de tous les penseurs
qui s'est approché peut-être le plus de la vie, qui, sortant de
la tour d'ivoire de la pure spéculation, a le mieux senti sa pulsa-
tion, le mieux résisté au desséchement du pur concept, le mieux
pris sa place, bien que servant de l'idée, dans l'immense ronde
dyonisiaque que font au travers des âges les vivants éphémères

mais toujours renouvelés que nous sommes, Bergson voulant distinguer le fait vivant du fait scientifique emploie fréquemment le terme de *coloration* pour caractériser le premier. Il dit de l'idée d'un acte qu'elle est *décolorée* lorsque son élément qualitatif de vie a disparu, si les états de conscience du *moi* se pénètrent et se fondent pour redevenir vivants, c'est qu'« ils se teignent chacun de la *coloration* de tous les autres ». Si la personne enfin se retrouve tout entière dans l'un des faits de conscience — sensations, sentiments ou idées, — qui la constituent, c'est que chacun d'eux conserve la *coloration* particulière qui est la qualité spécifique de la personne. Ainsi, pour notre philosophe, le caractère propre de la vie est la couleur; rien de vivant ne peut se concevoir sans une coloration particulière et, de fait, cette qualité de la couleur est tellement personnelle qu'il existe autant de tons et de nuances que d'êtres dans la nature — autant que de fleurs des champs ou que d'iris des yeux.

Que nous voici près de l'artiste !

Par un besoin foncier et primordial que Bourdelle porte dans son tempérament, un dessin qu'il jette sur le papier est presqu'aussitôt revêtu de couleur et prend sa vie complète avec elle De l'union de la couleur et du trait jaillit ce quelque chose d'essentiel, d'intime et de particulier, issu des profondeurs sensibles de l'être, tout en vibrations comme la musique et comme le verbe lui-même.

Il arrive à Bourdelle, en peintre foncier qu'il est, de manier des pâtes savantes dont il fait, quand il le veut, son principal moyen. Mais le plus souvent, il peint avec l'esprit et les couleurs d'un fresquiste. Il aime beaucoup la couleur à l'eau et complète presque toujours ses dessins en en faisant des lavis. Cette peinture difficile à manier est considérée souvent comme mineure; c'est qu'entre les mains de la plupart des aquarellistes, elle manque facilement d'éclat, de lumière, de nuances, des modulations flexibles de la vie. Elle réclame, pour être bien menée, les qualités du véritable fresquiste, — ce pur artiste qui fait marcher les grandes orgues de la peinture en jetant rapidement sa couleur sur le mortier frais, et qui ne peut réussir qu'en alliant sûreté, rapidité dans la technique, belle venue du jet de l'inspiration

Ainsi la fresque digne de ce nom sort uniquement de la verve
et du lyrisme, et vibre comme un chant d'épopée ou comme un
poème pastoral.

Bourdelle, en coloriant ses dessins, exécute sur le papier
de véritables fresques : sa sensibilité frémissante, sa richesse
imaginative, sa vivacité et sa spontanéité d'exécution, tout le
pousse à ce moyen d'expression où il s'épanouit avec une aisance,
une abondance, une fougue, une liberté, une variété et une fantaisie incomparables.

Les couleurs de Bourdelle sont généralement faites d'éléments
purs. Leur gamme est claire; elles ont une excessive variété de
tons; elles disent la franchise de sa vision, la fraîcheur éternellement neuve de son cœur, sa sensibilité aiguë aux mille fibres en
éveil et toujours valorisée par le regard intellectuel.

La couleur de Bourdelle est bien le chant de son âme et son
âme n'est qu'envol. Elle le dit tel qu'il est : elle dit ses origines
proches de la terre, sa qualité émotive selon d'obscures et toutes-
puissantes directives, la filiation lointaine et profonde qui le rattache au cosmos; elle dit ses vertus naïves et fortes appuyées
sur la vigilance toujours prête de son esprit.

Ainsi, la plupart des dessins que nous avons de lui, et dont
nous reparlerons plus amplement (Centaures, Lédas, Martyre de
Reims, etc...), sont-ils rehaussés d'aquarelle. Ce sont en réalité
des petits cartons de fresques que Bourdelle rêvait toujours d'exécuter en grand un jour ou l'autre sur d'immenses murs édifiés
pour les recevoir. Que de pureté et de simplicité de coloris, que
d'éclat juvénil, quelle limpidité musicienne ! Les tons les plus
variés s'harmonisent dans la modulation de valeurs rigoureuses
et riches et sont jetés comme un chant dans une sorte d'improvisation sacrée et de frénésie poétique. D'autres fois, ce sont
des travaux extrêmement poussés témoignant que l'artiste peut
aller aussi loin qu'il lui plaît dans cette voie.

Il y a lieu d'ailleurs de considérer qu'un vrai peintre se révèle
plus par le bon emploi des valeurs que par le plus ou moins
grand nombre de matières colorantes mises en jeu. Cette science
est, si l'on peut s'exprimer ainsi, la moitié de la vie transposée
dans l'art. Qui en possède les secrets est le maître de la couleur

et jouit d'une force d'expression déjà suffisante pour imposer sa vision comme un reflet prestigieux du vrai.

Or, même en dehors de ses peintures proprement dites, Bourdelle est un prodigieux dispensateur de *couleur* dans les images dont il établit plus ou moins rapidement la structure, aussi bien dans le blanc et noir ou dans le camaïeu que dans la multiplicité des teintes. Le sens des nuances et des rapports s'allie étroitement à la connaissance des rapports de forme qu'il possède; il sait en outre admirablement jouer des différentes couleurs formant la gamme d'une palette, grâce à quoi il réalise un bouquet, riche, frais, jeune, nuancé, qu'il exprime à merveille lorsqu'il veut manier le pinceau. Avec finesse et sûreté, il illumine ce qu'il touche d'abondante lumière, de naïveté première; il jette sur son papier des tons limpides et purs comme dans une claire luminosité d'aurore ou d'atmosphère lavée par une pluie d'été.

Nous indiquerons plus loin le détail de ce qu'on doit à cet artiste comme peintre de portraits, de scènes ou de sujets les plus divers, soit qu'il se révèle *pastelliste, fresquiste, illustrateur*... soit qu'il se serve de couleurs à l'huile, ou bien encore qu'il oriente ses recherches vers la sculpture polychrome, rattachant ainsi son art à celui des Egyptiens et des Assyriens, et aussi des Grecs, ces maîtres de la statuaire en couleur.

Qu'il nous suffise de conclure ici que doublement doué, comme dessinateur et comme coloriste, Bourdelle devait s'appuyer solidemnt sur ces deux pôles de son art pour édifier l'œuvre sculpturale considérable que nous allons aborder maintenant.

CHAPITRE VI

Bourdelle, sculpteur monumental

Il n'est pas nécessaire d'avoir vu beaucoup d'œuvres de Bourdelle pour être frappé dès l'abord de l'aspect monumental de ses créations.

Monumental, cela ne veut pas dire que les dimensions en sont toujours d'une proportion excessive, bien que quelques-unes, par exemple le monument du général Alvear, puissent vraiment s'appeler colossales. Non. Cela veut dire que l'œuvre, quel que soit le nombre de ses parties composantes, a été conçue comme un organisme architecturé complet : édifice formant un tout parfaitement homogène et puisant dans cette homogénéité le principal et parfois l'unique élément de sa puissance et de sa raison.

Mais il y a plus : un ouvrage monumental peut pousser la rigueur de sa construction jusqu'à offrir, par surcroît, une harmonie telle avec son milieu, qu'il semble avoir été bâti pour ce dernier. Par son ensemble aussi bien que par chacune de ses parties, il doit suggérer alors immédiatement le cadre qui l'entoure, au point de paraître son prolongement naturel et d'être au milieu de lui à la fois comme une nécessité de la nature et de l'art.

Dans un but analogue, Rodin a quelquefois usé d'un stratagème : laissant le morceau qu'il venait de finir attaché au bloc issu de la carrière, il pensait ainsi rendre présente, en manière de symbole, la montagne originelle. Mais, hélas ! témoin dangereux, le bloc démentait le sculpteur. La pierre, par le langage de sa structure, au lieu de faire accord avec lui, rejetait de son sein le morceau ; quelqu'admirable qu'il soit, ce « morceau » avait été conçu pour être pris isolément et non point en dépendance du bloc de la carrière. Celui-ci ne le retrouvait plus dans ses plans. La gravité de ses lignes, l'universalité de son ordre proclamaient le divorce entre sa valeur terrestre inébranlable et le sens étranger pour lui du modelé pourtant délicieux.

Donc, la statue, ouvrage de l'esprit humain, irréfutablement destinée de par son style propre à faire corps avec l'œuvre architecturale dont elle est partie intégrante, et en même temps avec l'ordre universel : telle est la statuaire monumentale.

L'« ensemble monumental » se réclame d'une conception de l'*unité* poussée à ses limites extrêmes ; une simple statuette prise isolément peut présenter déjà l'unité requise non seulement pour qu'elle soit juste dans ses principales proportions, mais pour le parfait accord de ses diverses parties constituantes ; cependant quand l'unité se réalise entre des éléments, d'abord hétérogênes, nombreux et variés, que l'on assemble, — rondes-bosses, bas-reliefs, motifs décoratifs, murs d'un édifice, colonnes, voûtes, etc... — la vision s'élargit ; l'ouvrage total prend l'aspect d'un monde ; il est un reflet de l'univers, dans lequel les lois particulières de chaque organe sont dominées par la loi générale ; et cela constitue un ensemble monumental.

Cet art monumental, on peut dire que notre époque, et même les siècles la précédant immédiatement, ne l'ont pas connu. Depuis fort longtemps en effet règne chez nous ce qu'on peut appeler la tradition du morceau. Cette sculpture est à la sculpture monumentale ce qu'est par exemple par rapport à la peinture des fresques, le tableau de chevalet. Les fresques ne se séparent pas du monument qu'elles ornent, comme celui-ci du paysage au milieu duquel il se dresse. Fresques et monuments sont faits pour être placés exactement à tel endroit à l'exclusion de tout autre. Détachés de l'ensemble, ils n'ont plus aucune signification : la

Cène de Léonard de Vinci ne se comprend pleinement que peinte
sur la muraille de fond du réfectoire de Sainte Marie des Grâces.
Ailleurs, elle perdrait une bonne partie de sa valeur émotive.
La même remarque s'applique avec beaucoup plus de rigueur
encore aux ouvrages de l'antiquité, statues royales assises au
seuil des temples égyptiens par exemple, ou taureaux ailés assyriens, et plus près de nous, mozaïques byzantines ou figures qui
ornent le portail des églises romanes, peintures murales et vitraux
de nos cathédrales : toutes sont à peu près vidées de leur signification et en partie de leur spiritualité, quand elles sont exilées
dans les musées ou chez les collectionneurs au hasard d'un malheureux destin. Il n'en est pas de même d'un tableau de Pous-
sin, de Boucher, d'une statue de Clodion ou de Houdon, qui
partout sont à leur place, qui partout conservent leur même
valeur, qui ont à peine besoin d'une ambiance et ne s'intègrent
pas dans un ensemble. C'est cette sculpture de salon, de musée,
qu'a connue, qu'a presque seule connue notre époque.

Sans doute le *Vol de la Marseillaise* de Rude est-il assez bien
en place sur l'Arc de Triomphe mais les figures qui composent
ce tableau ont pour principale qualité d'être en marche et de
tenir assez peu au monument. Sans doute aussi les cariatides de
Puget appartiennent-elles mieux à la composition de la statuaire
monumentale. Mais on peut dire que de telles œuvres sont à
l'époque moderne et, depuis la Renaissance, l'exception. Michel-
Ange lui-même, architecte et peintre aussi bien que sculpteur,
n'a pas à vrai dire, bien qu'il l'eût voulu, réalisé la sculpture
monumentale. Dans les *Esclaves enchaînés*, dans le *Moïse*,
dans les statues des tombeaux des Médicis... il s'est laissé
entraîner avec tellement de fougue et de débordement qu'il
en dépasse les murailles pour sortir de leur ordre, et s'épanouir
dans le gigantesque. En fait, c'est à la Renaissance qu'on
peut faire remonter la disparition de la sculpture monumentale.
La Renaissance a été, il ne faut pas l'oublier, — car tel est
peut-être son aspect essentiel, — une réaction individualiste
contre l'esprit collectif du Moyen Age. Cet individualisme
a suscité chez les particuliers le désir de la gloire ; il a
subordonné l'intérêt général à l'intérêt particulier et c'est ainsi

lui qui depuis a triomphé dans l'art ? Les artistes du Moyen Age cherchaient à réaliser de grands ensembles qui ont atteint leur perfection dans la cathédrale, œuvre *collective et anonyme* où ont collaboré architectes, peintres et sculpteurs. A partir de la Renaissance, chaque artiste travaille de plus en plus pour son compte et produit des morceaux destinés à mettre en valeur sa virtuosité individuelle. Aussi peu à peu, les sculpteurs, si grands maîtres soient-ils, abandonnent-ils la sculpture monumentale pour celle du morceau. Et, l'ayant abandonnée, ils finissent par en perdre le sens.

Bourdelle, lui, dès l'instant où il a pris le ciseau, s'est senti profondément l'adversaire d'une telle conception ; sans que sa plume ou sa parole l'eussent encore formulée, sans même qu'elle appparut très nettement dans ses premières œuvres, son esthétique était toute différente de celle de ses devanciers.

Pour donner une juste idée de l'esthétique bourdellienne, pouvons-nous mieux faire que de laisser parler le Maître d'Œuvres lui-même :

« Un jour, — raconte Bourdelle au cours d'une de ces conversations particulières qui avaient tant de charme, — un jour, je me souviens, j'étais en vacances chez nous ; j'allais sur le causse d'Anglar, cet admirable désert de pierre, saturé de lumière et de parfums. C'était l'été. Le soleil éblouissant me brûlait la face. Soudain, j'aperçus dans l'immense étendue désolée, une maison en ruines, simple cabane de berger, bien ancienne, bien misérable... Je m'approchais ; je vis la pierre plate servant de siège, la cheminée séculaire noircie de fumée et, dans un coin, les cases ménagées pour les noix, le pain, les pommes, les châtaignes !... Comme tout cela me touchait le cœur... Au milieu des murs à demi écroulés, la porte se dressait encore avec son ouverture tournée au levant, se découpant si bien sur l'azur splendide. Je m'arrêtai bouleversé, car le seul ajustement des poutres sur les pierres révélait le maître-ouvrier et j'avais devant moi une architecture prodigieuse. Quel pâtre, obscur pourtant, avait, sans le secours de personne, assemblé les matériaux, conçu le plan, réalisé le chef-d'œuvre. Longtemps, je restai là immobile. Quand je me retirai j'avais des larmes dans les yeux, jamais je n'ai rien vu de si beau ! Tout le Parthénon ne peut-il pas tenir dans un camée ? Le plus humble ouvrier ne peut-il pas réaliser une chose parfaite qu'un peintre ou un sculpteur n'accomplira jamais... Un artisan de village en creusant au couteau, sur un panneau de bois, une petite fleur, ne peut-il pas montrer plus de sens architectural qu'un grandissime bâtisseur de l'Ecole ? »

Bourdelle se révèle ainsi à lui-même ; il est poussé par ses affinités personnelles à prendre place dans la cathédrale universelle. Il sait que l'architecture cosmique n'a pas d'autres lois que celles retrouvées par les hommes quand ils savent devenir des constructeurs dignes de ce nom. Son enseignement tend à restaurer la solidarité qu'ont entre eux les piliers, les voûtes, les murs et les images faites pour eux.

Bien plus, pour lui, sculpter ce qui pour d'autres serait un morceau séparé, c'est encore construire selon un plan qui s'apparente à un tout ; ne se départissant jamais de l'esprit d'architecte, il établit l'œuvre solidement selon sa structure intérieure ; il la bâtit avec la même technique et les mêmes précautions que s'il construisait un temple ; il la travaille en profondeur et non point en trompe l'œil de surface, en sorte que, quand elle sort de ses mains, elle prend naturellement sa place dans la discipline d'un ensemble mental qui se fond avec celle générale de l'univers. En d'autres termes, elle est, non pas seulement le travail d'un sculpteur isolé dans son art, mais celui d'un véritable Maître d'Œuvres, frère de ce Maître d'Œuvres du Moyen Age, lien spirituel et chef d'orchestre des nombreuses corporations d'artisans voués à l'édification du chef-d'œuvre de pierre.

Cette véritable rénovation, selon les plus lointaines traditions de l'art sculptural, introduit dans le monde des sculpteurs modernes une influence que l'on a, à juste titre, comparée comme importance à celle de Cézanne en peinture. Il est facile de s'en rendre compte aujourd'hui.

Chez les deux artistes, les disciplines intellectuelles les plus rigoureuses président à l'emploi des volumes selon leurs dimensions, leurs masses et leurs valeurs sans escamotage de l'une d'elle... Les trois dimensions dirons-nous ? — plutôt les quatre, car un bon organisme vit aussi dans le temps, dans la durée, parce que la durée c'est la vie — qui elle-même est Esprit.

Mais Bourdelle, plus que Cézanne, est à la hauteur de son interprétation. Il est un réalisateur, qualité qui a manqué dans une certaine mesure au peintre d'Aix.

Une pensée d'architecte, insistons-y, voici donc ce qui préside à toute création de Bourdelle. Sachant envelopper du regard la *totalité* d'une construction, il ne perd jamais de vue l'ensemble même lorsqu'il s'attarde dans les moindres parties.

« Pourquoi les ouvrages de la nature sont-ils si parfaits ? écrit Buffon dans son Discours sur le style. C'est que chaque ouvrage est un *tout* et qu'elle travaille sur un plan éternel dont elle ne s'écarte jamais ».

L'homme saurait-il mieux faire quand il a l'ambition de créer ? Heureux s'il peut tracer son plan général avec solidité en le pénétrant le plus possible des lois intangibles de l'Univers.

Buffon avait compris l'architecte, vrai maître de la méthode constructive. Ecrivains, musiciens, peintres, quelle création valable sortirait de vos mains si vous n'en étiez d'abord l'architecte ? Apprendre à penser c'est devenir logicien et la logique est avant tout l'architecture des idées. Quand la science logique est devenue une partie intégrante de la pensée au point de pouvoir exprimer la plus petite nuance d'idée ou le plus fin des sentiments sans le moindre embarras, la perfection de l'art est bien proche.

Solidité et beauté vont ensemble beaucoup plus qu'on ne le croit communément. Le bel accord des lignes et des plans est toujours calcul d'esprit. L'Egypte, la Grèce et notre Moyen Age ont su par leurs temples et leurs cathédrales, émouvoir des peuples entiers, à travers toute la suite des générations humaines; leur sentiment plastique, la hauteur de leurs conceptions, la religiosité de leurs âmes se sont perpétués par la seule vertu de leur forte pensée architecturale.

Bourdelle s'est familiarisé de bonne heure avec l'étude des proportions d'ensemble, s'habituant à considérer l'ornement, non point comme un hors d'œuvre artificiellement décoratif, mais comme une partie constitutive de l'édifice.

Les travaux d'artisan de sa jeunesse lui ont appris la science monumentale constructive qui fait sa force aujourd'hui, et dont il ne se départit pas, qu'il s'agisse de vastes compositions telles que par exemple le monument d'Alvear, haut de trente mètres, ou de petites pièces aux dimensions beaucoup plus restreintes.

Ce précieux acquis de sculpteur-architecte, cette compréhension intime des lois qui font obligation à la statuaire en général, se sont épanouis d'une manière éclatante et avec le plus réel bonheur au Théâtre des Champs-Elysées. Ce travail considérable a été exécuté dans les années 1912-13. Depuis longtemps on n'avait pas vu semblable fougue, ni si bel enthousiasme, ni autant de sûreté jointe à une promptitude si extraordinaire. Ce vaste ensemble, loin de passer inaperçu, a rencontré d'abord beaucoup d'hostilité; il a soulevé des passions, pour s'imposer enfin à toute la jeunesse artiste du monde entier. Il a paru, de suite, comme une sorte de programme en action, comme le manifeste d'une vision nouvelle en cette époque où régnaient en architecture et en décoration la boursouflure et la surcharge multipliées par la richesse au service du mauvais goût.

Pour la première fois en France depuis bien longtemps, le théâtre des architectes Perret, décoré par Bourdelle, présentait donc une solidarité étroite entre l'architecture, la sculpture et la fresque; unis par une volonté d'art bien nette, les hauts-reliefs, les bas-reliefs, les lignes générales de l'édifice, les décorations sculpturales et les admirables peintures intérieures semblaient les parties harmonieuses d'un même ensemble symphonique orchestré dans une foi, une grandeur, une inspiration pour ainsi dire beethoveniennes.

Les architectes de ce théâtre prêchaient un converti quand ils réclamaient le respect du mur à l'exemple des temples grecs où la sculpture prenait sa place selon la discipline générale de la construction et seulement où elle avait quelque chose à dire. Le sculpteur allait tellement bien au-devant d'une telle pensée que lui-même avait dessiné d'avance son théâtre, tout entier conforme, dans ses plans généraux, à celui qu'on a édifié et qu'il a décoré.

Ainsi a pris naissance ce merveilleux essor de l'art contemporain que nous devons à Bourdelle.

Les grandes lois constructives s'avéraient retrouvées : on revenait au style monumental, on renouait la tradition des vraies époques éternelles de l'art. Bourdelle accomplissait cet effort de rester traditionnel et de se démontrer neuf à la fois.

Vers la fin de l'année 1911, alors qu'il méditait longuement la décoration du Théâtre des Champs-Elysées, avant d'en jeter les premières esquisses sur le papier selon son habitude, Bourdelle faisait un jour à ses élèves une étonnante leçon à laquelle il donnait ce titre : « Le visage changeant des Dieux. »

« La nouvelle Cathédrale, le nouveau Temple où ira la foule, disait-il, ce sera le Théâtre lorsqu'il réunira en lui tout l'Art. »

Et le voici rêvant d'un Théâtre moderne apportant à ses contemporains la sublime présence de la divinité par la puissance de l'Art comme les anciens l'avaient réalisé dans leurs temples.

Ces temples sont maintenant déserts. Mais « la grande présence y est peut-être plus divine encore dans l'indifférence des hommes. » Pourquoi les basiliques abandonnées de tout culte gardent-elles à jamais le souvenir céleste ? parce qu'elles demeurent des figures d'art indestructibles et que le Dieu-Esprit y est toujours vivant pour l'âme du penseur.

Et Bourdelle continuait :

« Le *Zeus* de Phidias au temple d'Olympie était assis touchant des pieds le sol équilibré de marbre, et atteignant le toit du vaste temple, avec son front en plans d'éternité.

Sa proportion était une pensée, la proportion étant dans ces temps de raison héroïque la base de toute expression. Immense altitude d'esprit !

Le Jupiter de Phidias semblait accepter toute l'étroitesse du temple.

Tout Athénien pouvait lui être reconnaissant de n'en point faire une poussière de chef-d'œuvre en s'éveillant de sa méditation divine, en redressant son torse ramassé.

S'il avait aspiré dans sa vaste poitrine un peu de son rayonnement, comme un homme aspire l'air pur, tout le faîte en eût chancelé, et s'il s'était levé tout droit, Athènes eût perdu cet immense trésor de l'ordre, toute la beauté de sagesse, toute la mesure du Génie de sa race par la chute du divin Temple, rival du Parthénon...

Les Grecs Byzantins, constructeurs de Sainte-Sophie, puis collaborateurs de nos premières cathédrales gardaient le souvenir du Zeus de Phidias.

La lumière d'une telle œuvre a dû, pendant des siècles, éclairer tous les penseurs grecs.

Temps d'esprit admirable, où l'expression montait autant du sens des proportions que du sens plus étroit des lignes !

Temps révolus hélas ! Esprit calculateur enfui et dont l'homme actuel, pris dans sa foule, a perdu la haute mémoire.

Le Symbole *de la haute proportion d'une Figure en raison de son entour*, n'est plus.

Peu à peu l'esprit s'est fait foule.

Dans l'ombre douce des églises, on a brisé les Dieux immenses... la religion de beauté a décru...

Or il y a toujours des résistances secrètes ; il y a toujours dans les temps les plus noirs quelques hommes qui ont gardé les souvenirs divins...

Contenir, maintenir, maîtriser : voilà l'ordre des constructeurs...

Voilà pourquoi, méditant tout cela pour mon apport de statuaire, je fais souvent le tour du plan total ; je vais souvent toiser l'aspect des masses, et le bloc tout entier, avant d'entreprendre même une seule des têtes des bas-reliefs de la façade... S'il n'y a pas *entente profonde* entre le silence des murs et l'éveil actif des sculptures, le choral de pierre ou de marbre ne monte pas d'un seul élan, l'accord suprême ne peut naître.

Depuis des mois d'étude, je n'ai pas voulu aborder ma sculpture détachée de son arbre architectural, le Théâtre des Champs-Elysées : loi sévère par ces temps de sculpture veule et d'esprit sans fierté... »

Telle est la loi d'ordre universel. Mais avant de s'inscrire dans la matière, elle doit pénétrer dans l'esprit. Loi d'harmonie, loi de beauté, loi de création grâce à laquelle revit dans l'œuvre, en bon accord avec celle de la matière qu'il anime, l'âme même de l'artiste.

Secrets qu'ont poussés très loin les plus parfaits et les plus nobles de tous les tailleurs d'images : les Egyptiens. En comprenant la puissance architectonique de la masse, atteignant presque à l'absolu, ces réalisateurs de colosses ont été si loin dans l'abstraction et dans le sacré, tout en respectant le plein épanouissement de la fleur de la vie, que nul ne les a jamais égalés. Secrets qu'ont connus aussi les Grecs de la bonne époque qui aboutit à Phidias, qu'ont découvert plus tard les maîtres anonymes de nos cathédrales médiévales, ces gothiques dont les petits reliquaires eux-mêmes sont des répliques parfaites de leurs grandes conceptions d'architecte. Secrets enfin que pénètrent les initiés du grand Ordre de la taille de Bourdelle.

CHAPITRE VII

Les grands ensembles monumentaux

L'époque des grands ensembles monumentaux de Bourdelle est celle de la maturité de son talent ; c'est le triomphe d'un prodigieux effort de Titan, l'aboutissant d'une volonté inébranlable au service de l'esprit Le sculpteur-architecte en est arrivé à l'ère des certitudes dans la réalisation. Avec sûreté et magnificence, il donne corps aux idées cardinales qu'il a lentement mûries. Sachant que pour prendre une forme valable et durable, l'œuvre ne peut que s'intégrer dans l'éternité des lois universelles, il a cherché dans ses propres conceptions ce qui pouvait prendre place dans l'harmonie générale sans rien bousculer ; il trouve sa preuve en quelque sorte dans l'aisance et la justesse avec lesquelles il y arrive et c'est ainsi qu'élève soumis, attentif et perspicace du « grand architecte », le sculpteur est devenu lui-même un Maître d'œuvre accompli.

Cette vertu de son esprit, l'autorité de sa science, le rythme qui lui est propre, l'originalité tout entière enfin de Bourdelle éclatent dans n'importe laquelle de ses œuvres, mais il est évident que ce sont les vastes ensembles qui conviennent le plus à son tempérament, qui mettent le mieux en lumière sa conception véritable de la sculpture ; ils sont pour lui une occasion de se réaliser pleinement.

Le Monument des Combattants à Montauban, son premier grand travail, bien que pénétré comme nous l'avons dit d'influence rodinienne, tout vibrant d'une fougue juvénile, mouvementé à l'extrême, contient déjà l'indication des tendances capitales de demain : ce n'est pas un groupe banal de commémoration dans la note régnante du temps ; c'est bien une composition d'ensemble exécutée selon un choix, une discipline, une volonté ; la stylisation en est vigoureuse ; elle tend déjà vers la soumission de chaque figure et de chaque portion sculptée à une loi d'ensemble. L'invention en est tout à fait personnelle : loin d'être la copie servile de quelques soldats assemblés au hasard, avec le souci d'une transcription réaliste, ce monument est au contraire l'expression passionnée d'une réalité plus profonde, celle des âmes, ou plutôt celle d'une âme collective que traverse un souffle d'épopée. Par opposition à l'art *réaliste* — et aussi à l'impressionisme, qui, d'une certaine manière, en est dérivé, — on a pû appeler celui-ci *expressionniste.* Ce sera de plus en plus celui de Bourdelle.

Au surplus, le monument de Montauban est conçu dans une intention décorative bien nette. Les diverses attitudes des personnages en mouvement, les draperies, les arrangements d'accessoires à signification allégorique, le socle et le piédestal : tout est composé pour un embellissement réciproque, pour atteindre au plus haut degré d'intensité.

Neuf années de travail sont nécessaires pour achever ce monument ; travail de méditations, puis d'exécutions nombreuses dans la matière, sans asservissement puéril et étroit à une tâche fixée, mais laissant libre jeu à la fantaisie de l'artiste, c'est-à-dire s'exerçant en toute liberté ; un désordre apparent se montre dans cette période de son existence, mais il cache une logique intérieure, une pensée dominatrice. L'effort se porte tantôt ici, sur le gros morceau commandé, tantôt là sur telle autre statue née au hasard de l'inspiration, pour venir enfin concentrer ses fruits sur une tête d'importance capitale exécutée vers la fin de cette époque et qui se superpose au groupe des combattants dans les préoccupations de l'artiste. Cette tête, buste encore isolé sur la stèle du sculpteur, nous la plaçons ici parce qu'elle fera partie ultérieurement d'un « grand ensemble monumental » et qu'elle est le trait d'union entre le Bourdelle d'hier, disciple encore mal séparé de Dalou, de Falguière et de Rodin, et celui d'aujourd'hui : le Maître définitivement dans sa voie, de qui vont sortir les grandes figures, ses véritables enfants.

Successivement appelée d'*Apollon archer*, d'*Apollon au Combat*, et de la *Force*, elle marque la scission complète entre la technique rodinienne, intimiste et sensuelle, individualiste, tout occupée du modelé de surface, — d'ailleurs poussée à la perfection par l'éclatant génie de Rodin — et la technique bourdellienne, concentrée sur le règlement intérieur des mouvements de la forme, sur les éléments constructifs profonds, sur la vie collective des ensembles commandant à celle des individus, sur l'expression spirituelle obtenue par affleurement à la surface d'une matière existant par sa masse, amie et complice et non violentée et se défendant.

Au moment de son achèvement, vers l'année 1900, cette extraordinaire personnification se présente comme une manière de buste surmontant un bloc un peu étroit, long et assez mince, sorte de colonne à quatre pans se composant avec la tête comme une ébauche de monument et lui servant de socle. Le visage est celui d'un jeune athlète empreint d'une mâle énergie, de force réfrénée, de recueillement, de puissance mesurée, de fierté naturlle, de noble beauté enfin. Dans l'intention du statuaire, il symbolise Apollon, — aussi bien celui qui tua les Cyclopes et qui, pouvant prétendre au prix de musique, écorcha vif le concurrent qui osa le lui disputer, — que celui qui préside aux Muses, c'est-à-dire la force morale, impétueuse, mais capable dans sa toute puissance de mesure et d'harmonie.

Si le côté anecdotique prenant toute la place dans l'œuvre et considéré comme une fin, n'apporte par lui-même qu'une faible valeur à l'art, de quelle importance se revêt-il quand, miroir fidèle d'une pensée, il devient support d'épopée ou de lyrisme, d'expression purement plastique sans fadaise ni « littérature » !

Or, au point de vue sculptural, voici réalisé un degré de perfection non encore atteint jusqu'ici par l'artiste ; la construction par masses et volumes se fond en une unité harmonieusement accomplie, grâce à l'accord absolu des profils extérieurs et des lignes d'intériorité. Celles-ci passent profondément par le regard de l'âme ; cette vie de l'au-delà des surfaces tangibles, c'est l'immatériel se joignant à la matière dans une synthèse souveraine.

Ce travail est le livre sculpté où Bourdelle a inscrit son propre tourment, la pathétique et sublime histoire de la plus ardente ascension peut-être du génie humain vers un idéal volontairement choisi. Il atteint cette perfection où la vie reste soumise aux lois qui la font saine et forte, qui la font belle selon le jeu des formes extérieures variant aux mille incidences de la clarté du jour, mais aussi selon le reflet décisif de la lumière du dedans. Il joint à la réalité du dehors la vérité intérieure.

« Cet Apollon, dit le sculpteur, est la première réalisation où j'ai trouvé mes lois. »

Mais voici que bientôt cette tête, qui résume dès maintenant tout un savoir d'art et de vie, construite pour se suffire, va devenir par une sorte d'amplification, le point de départ d'une statue tout entière ; cette statue la continuera logiquement en un organisme faisant parfaitement corps avec elle ; figure de bronze qui prendra place elle-même dans un grand ensemble monumental, le premier et le plus important de Bourdelle, celui où s'épanouit enfin tout à son aise le tempérament lyrique du sculpteur-architecte et qui est sans doute son chef-d'œuvre : le *Monument du général Alvear*. Il a été commencé pendant la dernière guerre, sur commande du gouvernement argentin, pour la ville de Buenos-Ayres.

Fondateur de la république argentine, ce héros a la signification d'une gloire nationale et il s'agissait pour l'artiste de faire revivre avec lui l'épopée libératrice d'un peuple.

Pour mieux ressusciter cette belle figure, Bourdelle s'est efforcé d'abord de se la rendre familière, la recréant peu à peu dans sa pensée et dans son cœur. Pour lui restituer l'éclat de la vie auquel elle avait droit, il fallait une sympathie intuitive profonde qui sait se donner dans une communion d'amour. C'est bien ainsi que le poète-sculpteur a conçu son rôle. Transporté d'une ardeur lyrique qui touche à l'ivresse et qui est le propre de l'inspiration, il l'a faite se lever des cendres même du passé. Il l'a rendue tangible aux yeux des Argentins, non point d'une façon conventionnelle et factice, mais de telle sorte qu'elle leur paraisse issue de leur propre mémoire et de leurs sentiments les plus chers.

Dans un même travail d'inspiration, Michelet, au siècle dernier, a redonné la vie, à force d'enthousiasme et d'amour, aux lointaines figures qui furent celles de notre histoire ; il les a dressées devant nous comme une partie de nous-mêmes rendant présents à nos âmes les frémissements, les joies, les douleurs, les espoirs de tout ce monde de fantômes augustes : les gens de notre race et de notre sang dans le labeur des siècles.

La statue équestre du général Alvéar a surgi d'une semblable faculté d'évocation cordiale, d'une égale intelligence émue de son sujet, seules forces capables de féconder les efforts de l'ouvrier humain.

Ce qui frappe l'esprit et le transporte presqu'aussitôt dans le domaine du sublime, c'est la perfection mesurée, le rythme souverain de cette symphonie plastique, le vêtement de logique dans lesquels l'édifice entier est maintenu. La loi esthétique qui lui est propre s'impose à lui avec la certitude et la sérénité d'une beauté de la nature.

Le but n'a pas été, on le sent tout de suite, de reconstituer un fait de chroniqueur, de donner seulement la narration sculptée d'un événement pittoresque ni même « historique », mais de dresser devant nous une page vivante dans un sens architectural et sculptural complet.

Les ouvriers sans âme peuvent faire du mécanisme et de la géométrie et non point de l'art : ici des nombres ont été remués en une mathématique suprême, mais le travail géométrique s'emplit d'âme et de vie jusque dans ses moindres détails. Il prend, de cette présence souveraine, toute sa signification d'art.

Œuvre de perfection où le savoir technique se marie avec l'élément humain sans l'amoindrir ni le dessécher : à mesure que la science y triomphe, l'humanité y fleurit dans la force de sa plénitude.

Un tel souci de respecter la volonté des lieux, autant que la vérité des événements, a hanté le maître sculpteur, qu'il n'a rien entrepris avant d'avoir obtenu une documentation complète avec plans et photographies. Il a été fort bien compris et parfaitement secondé par les dirigeants argentins qui se sont scrupuleusement, religieusement même, conformés à ses désirs. Les édiles de Buenos-Ayres ont été jusqu'à abattre de grosses maisons pour ménager des perspectives et parfaire l'harmonie de la place où devait s'élever la statue.

Dès lors, notre Maître d'Œuvre-architecte fait jouer toutes les ressources de ses savoirs constructifs et plastiques. Il ne s'agit point pour lui de fabriquer une statue isolée, solitaire et abandonnée sur un piédestal de hasard comme on en voit tant, qui semble rejeter la malheureuse figure plutôt que l'accueillir, et refuse absolument de s'unir à elle. Ici, au contraire, tout est prévu pour un mariage indissoluble: la plateforme construite autour avec ses marches pour y accéder, le piédestal qui en occupe le centre avec ses ornements stylisés, les quatre statues symboliques aux angles de la pierre, le cheval enfin et son cavalier. S'élevant à trente mètres de hauteur, la statue équestre, pleine d'aisance et de majesté, se soutient avec éclat dans un rythme de sculpture colossale sans le moindre fléchissement jusque dans ses plus infimes détails.

L'ampleur des proportions eût été un véritable danger pour tout autre. Que l'on songe à la difficulté de sauvegarder de l'emphase, de la redondance ou de l'exagération certains reliefs qui ont tendance à s'agrandir démesurément au détriment de l'ensemble; que deviendrait un tel travail sans une perpétuelle vigilance! Pour Bourdelle, ce fut l'occasion d'y recueillir les fruits d'une longue discipline; perfectionnée au cours de toute une existence de recherches et de réflexion, la voici arrivée à son degré de maturité. La main obéit désormais en esclave quand la mise au point est achevée dans la pensée. Deux savoirs s'y réunissent au lieu de s'exclure comme il arrive si souvent: celui de la construction d'ensemble dont le rythme se développe avec les lignes générales parfaitement accordées en surface comme en profondeur; celui du modelé intime local, grâce auquel chaque élément de chair ou de vêtement a son frémissement propre, chaque organe nous touche de sa palpitation personnelle. Sens spirituel et sens charnel. Conception architectonique et vision analyste d'artiste sensuel.

Les disciplines de notre temps sont généralement moins sévères.

Que de force et de majesté dans la statue équestre du général, raison essentielle de l'édifice ! Le cavalier, surpris au brusque arrêt de son triomphe, porte encore dans son allure toute la chaleur des chevauchées. Le long manteau flottant, gonflé de la tempête des luttes, dit le vertige des passions tandis que son harmonieux contour, corrigeant la maigreur de l'homme, relie les fières épaules du héros à la croupe naguère bondissante de la monture. Cela forme un beau dessin bien enfermé dans la grandeur du style et rien dans toute cette véhémence n'est désordonné ni coupable de bousculer les lignes et de briser les accords.

Suivre tous les profils, c'est se rendre compte à quel point a été poussé l'étude de la forme propre à chaque être, tout en la maintenant exactement subordonnée à l'équilibre total.

L'attitude, la composition, le geste du cavalier, sont enclos dans des contours strictement soumis au rythme du monument, mais le sculpteur n'en a pas moins poursuivi avec rigueur le développement de cette personnalité si remarquable jusqu'à vouloir la ressemblance aussi approximative que possible de son visage et de sa prestance. Il n'avait à ce point de vue qu'un document très précaire et fort vague, une mauvaise gravure à demi effacée; et pourtant le portrait a pris une telle vigueur de conformité physique que la famille Alvéar l'a reconnu d'emblée et que le célèbre écrivain argentin Larreta s'est écrié en le désignant : « celui-ci est un Alvéar ! »

Voici donc un portrait, pierre de touche de l'artiste, transposé, sans rien perdre de ses qualités, dans l'amplification décorative.

Que de verve et de splendeur dans le détail ! Le moindre organe examiné dégage un parfum de vie saine et robuste. Ici, c'est le front hardi avec les cheveux plantés tout autour à la manière d'une coiffure stylisée, sans aucune ligne fléchissante; là, c'est le bras levé dans un geste d'hommage et de commandement très beau par lui-même, nerveux et souple sous les broderies de l'uniforme; ce bras ne se dresse pas n'importe comment, mais vertical de quelque côté qu'on le regarde, ainsi que l'épée dont il est le contrepoids justement balancé, dans la ligne même du bloc; il est d'une qualité spirituelle aussi éloquente, si l'on peut dire, que l'expression du visage. La main qui le termine, ouverte et dressée comme un salut, comme un signal et comme un avertissement est d'une plastique splendide, elle arrive à ce rayonnement que prend la chair quand les effluves d'âmes s'en dégagent. Elle parle tout en haut de la personne humaine; au-dessus du front où s'élabore la pensée, elle porte à la foule la signification dernière de ce que cette masse de bronze et de pierre représente

Quand l'expression arrive à sa totalité par la seule vérité plastique, quand la puissance sensuelle a partie liée avec la puissance d'esprit au point que l'un et l'autre se confondent, ne se sent-on pas en présence d'une sorte de mystère, surpris par une clarté soudaine et qui n'est autre que le secret de la création ?

L'encolure magnifique du cheval, ses masses musculaires si vraies dans leurs vastes simplifications synthétiques, ses forts jarrets et son sabot qui piaffe : tout cela est d'une structure toujours dans sa plénitude et conduite sans défaillance.

Par cette statue équestre, se renoue la tradition de la grande sculpture des plus belles époques. Peut-être même avons-nous là quelque chose de plus complet, de plus élevé dans sa conception virile et poétisée à la fois, de plus harmonisé à la nature que les figures géniales et tumultueuses de Michel-Ange; quelque chose de plus vaste que le Colleone de Verrocchio qui se dresse à Venise comme un aîné de l'Alvéar de Bourdelle.

Le piédestal continue le même accord. Haut de quatorze mètres, c'est un vaste bloc conçu en lignes simples et nobles pour imposer son mouvement à la figure équestre avec laquelle il fait corps de toute nécessité. En retour, il s'est inspiré d'elle, et par une esthétique rigoureusement dirigée, un bon mariage a été ménagé entre eux. Chacun des éléments est conçu et prévu avec un soin extrême pour prendre sa place en parfaite dépendance des autres et que tous soient sertis dans la même pensée.

Le bloc du piédestal tire un sens décoratif des couleurs du granit; partie en granit rose brique, partie en granit couleur d'or; il a pour mot d'ordre la sobriété. Il refuse des effets facilement obtenus par les motifs sculptés en surcharge. La simple disposition des pierres diversement colorées lui donne une harmonieuse élégance et cet effet par colorations contribue grandement à faire parler les surfaces que les saillants et les rentrants animent.

Rien ne trouble la tranquillité de la pierre, que maintient et que souligne la superposition des plans des bordures moulurées. Une corniche bellement dessinée ajoute à la grâce et à l'agrément des proportions générales, en sorte que ce haut piédestal est tout à fait exempt de lourdeur.

Le tout repose enfin sur un socle de même granit, légèrement débordant, laissant, sur chacune des quatre faces, se détacher en leur centre, une tête de lion sculptée et stylisée : admirable transposition de la vie animée, discipline rigoureuse, hiératisme hautain et nullement sec. La pierre conserve son caractère de durée selon son esprit structural et sa beauté propre. Elle n'est pas transformée en chiffon, en un pelage d'animal naturalisé. Elle contient dans ses arêtes et dans ses plans seulement l'essentiel de l'être de chair qu'elle représente mais cet essentiel est tout. Le roi des jungles est là d'autant plus vivant que les accidents de surface ont été supprimés. En sorte qu'une unification suprême entre la résistance de la matière et la souplesse de la vie élève le morceau à la plus haute harmonie qu'un sculpteur puisse souhaiter : Stylisation où l'esprit domine la fragilité de l'enveloppe mortelle par le secours de la stabilité du roc. Voilà qui est de la plus grande rareté en sculpture. Maîtrise pour ainsi dire absolue, atteinte seulement par les Egyptiens ou les Chaldéo-Assyriens dans leurs figurations d'animaux, tels ceux du Louvre.

Accotés aux angles rentrants. quatre statues symbolisent les qualités essentielles du général-tribun victorieux et racontent son action libératrice. Elles représentent : *la Force*, *l'Eloquence*, *la Victoire* et *la Liberté*.

Quatre statues qui sont quatre piliers pour l'édifice : quatre angles architecturaux formés par les quatre motifs qu'elles apportent : l'arbre de la liberté, la tribune de l'orateur, le glaive entouré de lauriers de la victoire, la massue de la force.

Tout à fait à l'aise dans leurs dimensions énormes, les hautaines personnes qui veillent sur ce piédestal sont les sœurs lointaines et rajeunies des plus parfaites figures de l'antiquité. Elles se dressent, longues, étroites, sans gestes débordants, exactement contenues dans le dessin général de l'œuvre Le trait commun de ces images de bronze, guides et gardiennes de l'esprit, est leur noblesse tranquille et leur grandeur austère.

La tête de la *Force* est précisément un dernier état de celle d'*Apollon* dont nous avons parlé. Traitée avec les rigueurs synthétiques les plus savantes qu'ait connues l'Antiquité, celle-ci est en quelque sorte une concentration des moyens de la première. Elle se montre d'une ordonnance si majestueuse et d'un sens de la pierre si aigu qu'on se demande de quel temple souverain ce sublime visage est échappé.

La Force, bien que sous les traits virils d'un robuste guerrier, ne représente pas seulement la puissance musculaire et matérielle, mais plutôt l'énergie intérieure, l'âme solidement habitée par une volonté. Sûr de sa résolution et de sa prééminence déjà établie, le jeune dieu, au visage grave et sévère, se tient calme, sans inquiétude, et pourtant prêt à bondir. Ses genoux ploient un peu comme pour l'élan. Tout son corps nu n'est qu'un rythme de volumes accordés entre eux avec un naturel infaillible : la vie, héroïque, et douce à la fois, vient y affleurer des profondeurs de la structure organique, répandant sur toute la surface du modelé l'unité d'un univers recréé.

Son chef est coiffé d'une tête de lion dont la crinière se répand en arrière ainsi qu'une chevelure; la peau de la bête déroulée le long du dos vient ceindre ses reins, tandis que les pattes griffues tombent jusqu'à terre. L'homme s'appuie sans lourdeur sur la massue d'Hercule posée comme une sauvegarde, sinon comme une menace, entre ses deux pieds écartés.

La *Victoire* est une jeune femme qui n'a pas besoin d'ailes pour manifester son libre essor, ni d'attributs symboliques pour s'affirmer triomphante. Elle se campe fièrement dans l'éclat de sa robuste jeunesse; de la main droite elle maintient devant elle, intacte et solidement forgée, la longue épée placée entre ses jambes et dont la poignée arrive jusqu'à ses seins; entourée

d'un laurier qui monte en colonne, cette épée maintenant au
repos affirme sa présence sans arrogance ni vaine provocation.
L'attitude est pleine de dignité imposante. La main gauche s'appuie sur le haut bouclier incurvé, déposé à terre droit le long
d'elle-même, et qui fait partie de ses armes. La tête redressée
se coiffe d'un casque à mailles d'où s'échappent jusqu'aux épaules deux tresses retournées, bellement arrondies comme les anses
d'une amphore, d'un grand effet ornemental. Sur les épaules en
arrière, est jeté l'égide bordée de serpents, à la manière d'un
manteau, symbole de protection et de sécurité. En avant, se
présente la nudité du torse d'où jaillissent deux seins comme des
fleurs de beauté. Malgré la carrure de l'ensemble de ce noble
corps féminin, et sans qu'aucune trace de mièvrerie ou d'infé-
riorité physique puisse le faire déchoir de ce rôle majestueux
qui est le sien, le sculpteur a placé dans ce torse, qu'une tunique
transparente et ténue moule exactement, un frémissement voluptueux d'une suavité intime et délicieuse. Cette chair, qu'une atmosphère noble défend, a les souples ondulations et la palpitation
d'un corps qui rayonne : sa grâce, que la sévérité de l'ensemble
ennoblit sans rien lui faire perdre de sa splendeur, est un îlot
de fraîcheur extrêmement émouvant ; son aisance harmonieuse,
loin de rompre l'architecture générale, semble au contraire tirer
de celle-ci sa pleine valeur. Très proche, d'ailleurs, de la nature,
le visage porte dans ses détails les traits empruntés à un modèle
d'une grande beauté : une jeune fille, aux lignes délicates et
pures dans l'ovale régulier, fin et racé de son visage, et qui fut
l'élève de Bourdelle, lui en a fourni la plus grande part. Ces éléments ont été développés ici dans un sens d'austérité en conformité surtout avec le raffinement de leur noblesse naturelle.

La *Liberté* et l'*Eloquence*, d'une facture plus large, ont une
structure en pans carrés. La première, fille rude bien qu'assez
svelte, est la sœur de la Victoire pour sa fierté et le caractère
altier qui la dominent. Pour celle-ci, le modèle dont s'est inspiré
le sculpteur est tout différent : c'est une jeune vendangeuse montalbanaise qui fut l'inspiration du premier buste dont cette statue
est dérivée ; elle a été si bien poussée dans son sens originel
que, comme dans la mythologie antique, paysanne et déesse se

sont confondues. Son torse, en courbes d'une parfaite éclosion, pourrait, isolé, ravir les yeux telle une jeune plante humaine dans la hardiesse et dans l'éclat de sa première vigueur. Mais, au point de vue architectural, elle est le pendant bien accordé de la Victorieuse par le décor sobre que rien de surajouté n'alourdit. Quatre nattes s'échappent de sa nuque descendant presque jusqu'à terre en arrière, tandis qu'en avant l'arbre de la liberté, un chêne encore petit arbrisseau, monte à peine à la hauteur de sa poitrine et plante dans la pierre une racine déjà solide et qui retient le sol.

L'orateur, personnage plus robuste et plus décoratif, est avec intention plus largement traité. Drapé d'une étoffe à longs plis, il tient d'une main ses pages déroulées qui retombent sur une sorte de tribune formant angle. De son autre main en avant, et cependant maintenue dans les masses d'ensemble, il ponctue du geste la parole à laquelle prend part le corps tout entier : carrure significative des épaules, expression de physionomie, jeu de poitrine, tout est sous la domination ou pour l'expression du verbe, tout semble commandé par l'activité de la pensée, véritable source de l'éloquence. Pas un mouvement qui ne soit strictement maîtrisé dans les limites d'un dessin général tel, par une heureuse rencontre, que Cicéron l'imposait à son orateur quand il lui défendait par exemple d'élever la main plus haut que la tête et de compromettre maladroitement son effet par des gestes inharmonieux ou intempestifs...

De plus, la sobriété des plans met en évidence avec un bonheur extrême la gravité rhétoricienne et philosophe de l'homme qui parle, tandis que la draperie qui l'entoure sert à préciser les arêtes de structure du corps plutôt qu'elle n'est une banale copie d'étoffe.

Tel est le grand ouvrage qui transmettra à la postérité les deux noms réunis du général Alvéar et du sculpteur Bourdelle.

Ajoutons enfin que si l'architecture et la plastique monumentales marchent de pair ici en se soutenant avec sagesse et amitié, l'accord est tout aussi merveilleux entre ces deux matériaux qui pourraient facilement s'exclure sans une intelligence spéciale de chacun d'eux : le granit et le bronze.

Le granit a sa vie et le bronze la sienne ; les modalités de la pierre ne sont pas celles du bronze ; chacun d'eux a son langage. Et il n'y a d'étrangers qu'entre gens qui ne se comprennent pas. Faire l'accord entre le bronze et la pierre, créer l'harmonie entre deux voix de qualités différentes, cela n'a pu s'obtenir que par la connaissance approfondie de chacune et par une sorte d'orchestration bien conduite. Le granit fait retentir le bronze, le bronze soulève la voix virile du granit.

Ainsi dans le monument de Bourdelle, granit et bronze vont ensemble toute en conservant partout leur liberté : les statues de bronze se meuvent, se détachent bien de la paroi du piédestal à laquelle il eut été déplorable qu'elles restent collées. L'air circule. L'écartement des jambes de chaque figure présente un aspect découvert et calculé dans ce sens. Les fenêtres sont percées pour la façade entière et les vides sont aussi importants pour l'équilibre total que les parties pleines elles-mêmes. ·

Les éclaircissements que Bourdelle a souvent donnés dans ses leçons sur sa méthode de travail ne nous aideraient-ils pas à nous reconnaître, il serait impossible de ne pas avoir ici cette sensation dominante de construction logique qui veut l'ordre avant tout dans les productions humaines comme la nature elle-même le met dans ce qu'elle crée.

Au centre du monument gît une sorte d'âme de la forme qui préside au développement plastique de l'organisme entier. Pas un détail, pas un doigt levé ou fermé des mains, pas un plan des moindres traits du visage qui ne soient rattachés à cet esprit central. De plus, chaque partie plastique a pour support constant une robuste ossature : c'est le squelette qui soutient chaque corps et lui donne sa solidité.

Assurer la liaison constante entre l'intimité de la substance humaine et le sens des grands plans architecturaux ; faire la part du sujet en indiquant l'âme intérieure de chacun des éléments, maîtriser ceux-ci dans la discipline de l'ouvrage tout entier en une orchestration savante des lignes, des angles et des surfaces : c'est là le grand effort de ce travail.

Il fallait nous y arrêter longuement, recueillir de lui tout à la

fois la leçon de simplicité et de grandeur qu'il comporte, car
cette leçon, dans ses nombreuses variantes, sera celle de l'œuvre
de Bourdelle tout entière.

*
* *

L'*Epopée polonaise*, surmontée de la *statue de Mickiewicz*
qui se dresse sur la place de l'Alma à Paris, est sortie, elle aussi,
d'une vaste conception sculpturale et lyrique. Une hantise géné-
reuse a poursuivi Bourdelle pendant toute la durée de la guerre,
celle d'une reconstitution de la Pologne suivant les profondes
et vivaces aspirations de ce peuple démembré. Pendant que le
miracle se réalisait sur les champs de bataille de l'Europe, le
sculpteur faisait son œuvre dans un esprit fraternel pour la Nation
polonaise et dans la quasi certitude de sa résurrection. Ce rêve
de poète devait pleinement se réaliser.

Le monument n'est pas de dimensions énormes : il se compose
de la statue du poète polonais Adam Mickiewicz, d'une colonne
circulaire surmontée par un chapiteau très original dont l'importance est réglée comme toujours par les nécessités constructives
de l'ensemble ; d'un haut-relief accroché à cette colonne et formant à lui tout seul un sujet complet ; d'un entour hexagonal
formant socle et orné de six bas-reliefs, véritable livre sculpté
retraçant l'histoire de la Pologne vue à travers la pensée lyrique
et prophétique de son Poète. Enfin le tout est supporté par une
seconde partie du socle reposant sur une plateforme carrée aux
dimensions admirablement calculées pour une rigoureuse beauté
et à laquelle on accède par des marches ménagées symétriquement sur les quatre faces.

Le spectateur profane qui considérera cet ensemble en place,
c'est-à-dire harmonisé par Bourdelle à l'entourage immédiat pour
lequel il a été effectué, conduit jusqu'au bout pour une adaptation complète, — le spectateur profane lui-même sera frappé
de son impérieuse beauté. Il subira le charme inéluctable du
rythme souverain ; l'emprise à laquelle il ne pourra se soustraire
lui apportera cette joie grave et profonde de ce qui touche à
l'idéal de perfection. Peut-être ne pourra-t-il pas du premier
coup analyser les innombrables accords qui sont là orchestrés de

main de maître dans cette symphonie de lignes, de profils et de
plans Mais sans doute l'homme averti s'émerveillera-t-il bien
davantage en suivant du regard comment s'épousent, se suivent,
se juxtaposent ou s'opposent les figures grandes et petites, les
accessoires nécessaires à l'action, les ornements des tableaux,
les attributs symboliques, les motifs architecturaux, les saillants
et les rentrants, les racines, le tronc, les feuilles et les fleurs de
cette sorte d'arbre majestueux qui sort du sol d'un seul élan bien
calculé, en pleine santé architecturale... Et certes, le technicien
sera bien plus étonné encore, car Bourdelle, dirait-on, a défié la
difficulté tant il s'est acharné à mettre d'accord, avec pleine
réussite, des éléments destinés de prime abord à s'exclure : le
cercle joue avec le carré et l'hexagone, les surfaces rentrantes
avec les masses débordantes, les lignes de vie avec celles de
la géométrie, la fantaisie avec le style, le lyrisme frémissant avec
le calcul, à un point tel que tout le monde y trouve son compte :
l'artiste sensible en quête d'émotions, le sévère intellectuel qui
exige la pensée, le passant qui veut simplement pour la rue un
ornement qui plaise au regard.

La statue d'Adam Mickiewicz est une des plus émouvantes
figures qui soient sorties du ciseau d'un sculpteur. Le poète
semble marcher en plein ciel. Il y est conçu sous les traits du
Pèlerin, pèlerin passionné, missionnaire parcourant le monde
pour prêcher la bonne cause en faveur de sa malheureuse patrie.
Bourdelle le montre tel qu'il restera dans l'histoire : l'homme qui
regarde très loin, très haut, vers l'avenir, et dont le rêve est
encore de l'action. Il le représente donc debout et en marche,
le bâton de voyageur à la main. L'apôtre lève haut son bras et
dresse la main comme une flamme et comme un appel ; mouvement de lyrisme, d'élan mystique et de poésie qui prend toute
sa valeur dans ce langage sculptural exceptionnellement émouvant par sa justesse et par sa vérité.

Que d'illumination dans cette marche de prophète, que d'autorité dans ce geste d'annonciateur, que de prière et d'objurgation
dans l'expression de ce visage transfiguré par la foi. La tête,
stylisée dans une intention décorative, prend tout son caractère
du jeu bien réglé de synthèses audacieuses. Les artifices de

perspective nécessaires en font jaillir l'esprit. Elle donne à l'œuvre un caractère essentiellement spirituel sans atténuer en rien la palpitation vivante et presque réaliste de l'être.

La pensée jaillit de ce front, la flamme sort de ces yeux, la bouche entr'ouverte jette un cri. L'énergie morale se précise par la simplicité des lignes.

Le manteau qui recouvre son corps flotte dans un rythme d'entraînement; soulevé par le vent de la course, il participe à l'irrésistible élan; et pourtant c'est le vêtement moderne qui simplement le constitue. Comme Bourdelle a su tirer une émouvante représentation de cette pèlerine coutumière, de ce pantalon banal et de ces souliers à gros clous! La platitude de nos accoutrements habituels se magnifie sous ses doigts pour ajouter son langage à celui du poète et du héros.

Voici donc l'incarnation de la liberté polonaise et, pour compléter l'évocation, en un magnifique haut-relief que supporte la colonne, nous voyons revivre son âme même, cette âme qui ne saurait se séparer de l'âme de la patrie. Aussi le sculpteur nous représente-t-il *l'Epopée polonaise* sous les traits d'un génie puissant et fougueux, d'une Victoire aux ailes largement ouvertes et brandissant l'épée comme un ultime argument au-dessus d'une tête qui a d'abord pour elle son bon droit et sa force morale.

Digne sœur de la Marseillaise de Rude. Sœur par la hauteur de l'inspiration, par la fougue, par la noblesse de l'âme qui s'élève vers le pur idéal, par le mouvement d'épopée qui fait tressaillir ce bronze et sortir de lui une force humaine en action... Mais combien différente dans sa facture et dans sa conception sculpturale! Rude a composé un tableau mural d'une grande beauté et d'une extraordinaire puissance d'évocation; mais qui se suffit à lui-même et peut trouver asile sur n'importe quel mur de plein air ou de musée. Ce tableau n'est pas nécessaire pour l'intégralité de l'édifice qui le supporte. Il a été traité dans l'esprit décoratif des artistes de la Renaissance. Bourdelle, au contraire, avec son parti-pris architectural, a traité le sien comme un maître d'œuvres qui construit selon l'impeccable discipline d'un ensemble. Conformément à son habitude, il a conçu sa sculpture en profondeur, étageant ses plans, et faisant plutôt de la

ronde-bosse que du haut-relief. La figure, la draperie, les ailes
sont trois assises bien ordonnées, trois masses étagées en profondeur d'une corniche à développement riche et sévère à la fois :
aspect monumental qui fait vivre simultanément l'airain dans
sa masse totale et dans chacune de ses parties. Le personnage
ailé est rigoureusement traité dans l'esprit du tout, faisant
naître un paroxysme d'émotion par l'harmonie savamment gra-
duée de ses éléments sculpturaux et architecturaux.

Cette somptueuse corniche, en guise d'entablement, soutient
le chapiteau dont l'importance est réglée comme une nécessité
architectonique, faute de quoi l'édifice s'effondrerait. Ici, rien
de cet aspect de carton-pâte ou de pâtisserie mollissante qui
demeure la tare irrémédiable de tant de navets modernes... Mais
une impeccable tenue structurale devant la durée qui est le propre
des réalisations de Bourdelle.

Nul souci de rendre la qualité réaliste et vulgaire des étoffes
ou de traiter par exemple les ailes en plumes d'oiseau; tout
est géométral. C'est « l'émotion qui a saisi les nombres ».

Le motif audacieux de l'« Epopée polonaise » est technique-
ment traité comme on traite une voûte solide. Cette construction
plastique de strophes est soumise à une mathématique profonde
gouvernant la structure et l'équilibre de vie; mathématique en
pleine qualité vivante toujours adéquate au mouvement et au
devenir.

L'*Alvéar* et le *Mickiewicz* marquent pour Bourdelle la complète
possession d'un talent longuement mûri. Qui connaît bien ces
deux travaux a pénétré la pensée, la nature, les audaces, la
complexité de cet art traditionnel et nouveau à la fois.

D'autres œuvres ont suivi, qui ont confirmé cette méthode,
cette vision et cette maîtrise.

Bourdelle, si recherché à l'étranger, mais qui chez nous n'est
pas un officiel, — qui est tout le contraire d'un officiel, — n'a
guère eu l'occasion de nous doter de monuments commandés par
l'Etat français.

C'est pourtant à lui qu'on s'était adressé pour un *Monument
aux Députés morts pour la Patrie*.

Bourdelle excelle surtout, nous le savons, dans l'expression des sentiments collectifs, les interprétant parfois en philosophe, et toujours en poète. La poésie est l'atmosphère primitive de l'humanité, celle où l'homme se retrouve le mieux dans son propre élément. C'est d'elle que sort ce beau mouvement d'enthousiasme et de ferveur qui soulève cette *Victoire dédiée aux Députés morts pour le pays :* jeune femme saine et robuste, elle accourt, pleine encore du tumulte des batailles, les plis de sa tunique aux vents, criant vers la postérité les noms de ses fils tombés pour elle. Ses bras tendus vers le ciel lèvent haut son bouclier qui lui sert maintenant d'auréole. Son geste de vaillance et de reconnaissance est empreint de la plus pure noblesse. Ni déclamation, ni emphase. Une merveille d'harmonie : selon la volonté d'art habituelle à l'auteur, une entente parfaite de l'ordre sculptural à l'ordre vivant.

Voici la statue de la Victoire que Paris eût dû dresser avec honneur au centre de son oublieuse et turbulente agitation : celle de la femme fière, spontanément sortie des rangs du peuple, qui, sans nulle insolence ni jactance, jette le cri de son âme alors qu'elle vient d'être enfin sauvée au prix d'un long héroïsme et d'une longue douleur.

Le monument étant destiné à garnir, au Palais-Bourbon, une niche encadrée de peintures ornementales et surmontée d'un cintre, Bourdelle a poussé la conscience jusqu'à reproduire cet entour autour de sa maquette afin de mieux situer cette dernière et la bien accorder avec son habitacle définitif. Il a même été jusqu'à aller dessiner sur place en réduction les grandes lignes des peintures murales exécutées par Delacroix pour décorer la salle, voulant ainsi imprégner sa pensée d'un esprit de concordance le plus parfait possible.

Ce sont encore de sentiments simples et populaires sur un support architectural qu'est fait le *Monument pour les Mineurs de Montceau-les-Mines,* dédié lui aussi aux anciens combattants de la grande guerre. Ouvrage d'architecture et de tableaux en bas-reliefs combinés. Une sorte de trophée groupe les instruments de la mine que surmonte, agrandie aux dimensions d'une lanterne de phare, stylisée, placée comme un appel au-dessus des têtes humaines, une lampe de mineur. Symbole de l'esprit qui éclaire le monde, en même temps que la lumière vacillante, toujours ravivée, guide du pèlerin dans la nuit. Sur le soubassement sont racontés, dans la manière si prenante du bas-relief, les épisodes de la vie du mineur depuis son départ de l'appel aux armes jusqu'à son retour au foyer :

Un cercle d'émotion religieuse entoure la simplicité du revoir ; une tendresse soudaine adoucit le geste rude du soldat dès qu'il frôle de son bras enveloppant l'épaule frémissante de l'épouse retrouvée. Malgré l'accoutrement guerrier, ce sont les âmes nues qui parlent. Que d'indicible bonheur, que de douceur humaine dans cette scène familière et grandiose, poème en action de l'éternel amour.

Voici un art sculptural singulièrement élevé. Il émane des profondeurs d'une nature essentiellement religieuse qui participe de tout son cœur et de tout son esprit à la furtive éternité de la vie. Il s'anime d'un rythme, qui se confond sans doute, s'accorde en tous cas avec celui de notre existence idéale, raison d'être de l'existence matérielle.

Une troisième fois, ayant à s'exprimer à l'occasion de la guerre en un monument votif et commémoratif, Bourdelle construit et sculpte la mystique et prophétique image de la *Vierge à l'Offrande* pour l'ériger, au cœur de l'Alsace, sur une cime des Vosges.

Cette vierge-mère, bien dans la tradition biblique la plus compréhensive et la plus authentique par son costume, son visage et son maintien, sœur des princesses lointaines de l'Egypte et de Syrie, un peu bédouine et tout orientale d'allure, est une grandiose figure de la maternité offerte en holocauste : le vieux mythe du sacrifice « pour le salut de tous les hommes », renouvelé et purifié par la tradition évangélique, est ici repris avec une force et une puissance d'émotion incomparables.

La mère, se sentant investie d'un rôle sacré, hausse au-dessus de ses épaules, pour l'offrir à l'humanité, l'Enfant joyeux qui s'appuie sur elle et qui, comme en se jouant, dessine de ses petits bras potelés et ouverts le geste de la crucifixion. La mère et l'enfant obéissent à un immense destin, l'un plein de grâce et de force naissantes, dans sa juvénile innocence, se tend vers sa vocation prédestinée, l'autre se courbe sous le poids du rôle qui lui est dévolu; par une communion spirituelle et mystérieuse, elle se sent créée pour lui; la voici, bien que femme et maternelle, un être de soumission, d'abnégation, d'obéissance à la loi qui la dépasse et qu'elle accepte malgré les frémissements de sa chair et de son cœur.

Symbole vieux comme l'humanité, toujours nouveau !

Maintenant, au lendemain d'une guerre dévoratrice de millions d'êtres humains, c'est sur un de nos champs de bataille, au flanc d'une colline d'Alsace dominant les vallées, que cette statue monumentale taillée dans la pierre dorée de Chauvigny, chaude et vibrante de couleur au soleil, dresse sa haute silhouette pour un témoignage, un souvenir et une annonciation.

Le sculpteur en a puisé les éléments dans la nature et jusque dans la réalité familière : c'est ce qui lui donne une grâce si touchante et cet accent de pénétrante vérité. Autour de lui, il a pris ses modèles, s'inspirant de notations sur le vif, aimant à retenir les formes non adultérées par les artifices de nos modes, choisissant dans un terroir méditerranéen, s'arrêtant à un costume traditionnel local, et c'est pourquoi il a créé une figure qui semble issue des vieilles civilisations mères des nôtres et qui est pourtant d'aujourd'hui.

En même temps, il a poursuivi selon sa méthode une stylisation extrêmement sévère, s'acheminant cette fois vers sa manière dernière où la symbolique tend vers un hiératisme pour ainsi dire sacré.

Cette *Vierge à l'offrande* est un chaînon de transition, un stade logique dans une œuvre abondante et variée. Elle a paru tour à tour gothique, médiévale, byzantine, d'un archaïsme plus ou moins éloigné : elle est tout cela à la fois, parce que les grandes œuvres de toutes les belles époques d'art se rejoignent. Mais elle n'est pas d'un art intentionnellement archaïsant, elle n'est pas non plus la redite des figurines taillées dans l'ivoire avec lesquelles elle s'apparente en quelque façon, elle est la fille actuelle de cette race de tradition romane qui s'est perpétuée sur la terre de France.

En leur place définitive, la Vierge haute de six mètres, l'enfant qu'elle soutient, le socle élevé, les gradins qui l'entourent disposés sur chaque face de l'édifice, la plateforme qui les supporte et les réunit, tout cela est ordonné suivant un dessin rigoureusement juste, selon la loi constructive, strictement calculée comme toujours pour un ensemble monumental.

***

Ne pas avancer, c'est reculer : une âme ardente comme celle de Bourdelle ne pouvait guère s'y résigner. C'est pourquoi son effort n'a cessé d'évoluer : il se purifie dans le sens de la simplification ; il s'élève dans la voie de la spiritualité. Il se sent porté de plus en plus vers un symbolisme sévère, vers un repliement fidèle au secret intérieur.

C'est une période en quelque sorte héroïque de sa carrière qui commence ici et qui devait être interrompue trop tôt par la mort...

La France envoyant son salut à l'Amérique a paru au Salon des Tuileries en 1926 : « Voilà mon groupe en place ; vaste bronze que je tiens pour le sommet de tout ce que j'ai exposé jusqu'ici »... écrit Bourdelle à un ami.

La France de Bourdelle est, en effet, le sommet d'un art de plus en plus dépouillé vers le langage de l'architecture et la ligne irréductible du cristal ; réglé par une liturgie intime aux ordres d'une autorité spirituelle très sévère, sorte d'ascétisme artistique, sans doute à la portée seulement des plus simples et des plus élevés, de tous ceux qui se rejoignent dans cette cime : la pureté.

Sommet, parce qu'il ne semble pas qu'on puisse aller plus loin sans aboutir au cristal lui-même, c'est-à-dire sans sortir de la vie ; or, Bourdelle est grand parce qu'il réalise de vastes synthèses prenant précisément leur valeur de la vie qui les anime.

Plutôt groupe que statue, ce vaste bronze est composé d'abord, en son centre, de l'élément principal : une longue figure hautaine, Pallas moderne placée sous le signe du rameau d'olivier ; noble personne morale sereine et calme après la victoire, sublime parce que toute de mesure et de modération au moment où l'ivresse du triomphe pourrait l'emporter ; d'une main elle tient sa lance où s'enroule le laurier ; de l'autre elle fait un large geste de bienvenue autant que d'appel « le bras gauche en chapiteau, dit l'inscription du socle, la main abritant le regard qui lie l'Amérique à la France. » Elle porte sur son armure l'égide d'Athénée qui sera éternellement celle de la force au service de la raison.

A droite, le haut bouclier, rempart du droit, dressé de toute sa hauteur en reposant sur le sol, présente sur sa convexité les inscriptions impératives des tables de la loi.

A gauche, équilibrant symétriquement les masses, s'érige une colonne sur laquelle s'enroule le serpent de Pallas ou Sagesse de la France.

Chacune des trois parties de cet ensemble a son socle distinct pour en bien marquer l'importance, soit comme attribut allégorique, soit comme organe d'architecture ayant sa vie séparée tout en restant tributaire de l'harmonie totale.

Ce groupe, par la mesure de son ordre, par sa souple et brûlante verticalité, comme une flamme vers le ciel, par le feu retenu et la qualité ardente de sa trame, par l'ardeur aride de ses tracés, par la justesse des plis tous disciplinés dans le sens de la colonne, par le dénudé de ses profils âprement virginaux, enfin par le jeu de ses trois bases inégales de hauteur et inégales d'avancement, ce groupe est le plus haut aboutissant d'un art médité comme une retraite spirituelle fort élevé au-dessus du vulgaire.

Cette France de Bourdelle recèle une concentration de pensée telle qu'une force puissante et inconnue semble émaner d'elle et se répandre en une sorte de magnétisme.

Dans l'art rigoureux de cette tête austère, dans l'économie à la fois humaine et architecturale de ses plans, dans l'ordonnance de sa coiffure en manière de casque par exemple, dans la fleur des cheveux qui s'élèvent du front et qu'ils bordent aussi en couronne serrée, par la retombée des boucles conduites pour enserrer des deux côtés le col, par ses moindres organes enfin, éclatent pour la première fois des disciplines d'art jamais encore mises en œuvre, du moins avec une telle perfection, avec un tel absolu.

C'est une grande flamme étreinte par l'esprit que le sculpteur a donné là, — un peu trop hautaine peut-être pour certains, mais qui, parmi les véritables initiés, n'a reconnu la griffe ?

A considérer l'intimité des modelés et des courbes, — partout, le long du bras musclé, sur la ligne souple et frémissante du dos, sur le corps onduleux du serpent, dans le naturel des plis qui entourent le corps en le drapant pudiquement... — la vie n'éclate-t-elle avec toutes ses qualités sensibles, ses effluves mystérieuses et pénétrantes, ses racines qui vont loin dans le sol puiser les sucs de l'univers.

Si cette France se souvient de l'Amérique et lui parle au travers des espaces océaniques, comment l'Amérique ne garderait-elle pas maintenant la mémoire de cette France d'Art ? Il n'est pas de plus beau message à lancer aux quatre coins du monde qu'un chef-d'œuvre de cette envergure. Les Etats-Unis possèdent d'ailleurs déjà dans un de leurs musées une réplique demi-grandeur de la France de Bourdelle. Il serait à souhaiter que la nôtre soit érigée au cœur de notre capitale. Peut-être la verra-t-on un jour aussi sur cette pointe de Graves, face à l'Océan, à laquelle elle était primitivement destinée.

*
* *

Une si haute réalisation est-elle un aboutissement ? Non, certes, car l'esprit d'un grand artiste se déplace sans cesse devant lui.

Rigoureusement orienté vers l'architecture, c'est-à-dire vers la mathématique profonde qui sous-tend l'art, d'autre part puisant sans cesse dans son lyrisme personnel les éléments de contact avec la nature, Bourdelle n'a jamais risqué de sombrer dans la sécheresse de l'idéologie et le désert de l'abstraction.

Les nouveaux monuments qu'il a laissé inachevés empruntent de plus en plus aux ordres architectoniques et aux masses construites les parties qui les constituent, sans préjudice pour l'autre voie, celle des formes plus intimes, celle de la synthèse plus fine qui s'insinue plus avant dans le miracle de la vie.

7

CHAPITRE VIII

Petites œuvres et Statues

Outre ses grandes œuvres monumentales déjà suffisantes pour illustrer à jamais la vie d'un homme, Bourdelle, travailleur acharné, a produit, tout au long de son existence, un nombre considérable de statues de toutes dimensions et de toutes sortes, que l'on pourrait classer, selon son goût, dans des genres fort divers.

Le plus souvent, sa seule fantaisie et sa seule inspiration le guident. Il s'attache à des thèmes qu'il ne cesse de rajeunir ou d'enrichir. Il ne veut pas seulement concrétiser sa pensée, donner sa propre explication du monde, dire son cœur, sa philosophie, sa religion intime, par le secours de techniques ardues, adéquates à leur expression plastique : il obéit à son dieu intérieur. Son Démon l'oblige à une perpétuelle ascension, vers un absolu qui le hante. Les images qu'il crée sont les visages plus ou moins approchés du dieu qui le guide quand il s'attaque de front à la difficulté et la résout de haute lutte.

Souvent, il prend autour de lui, dans les scènes quotidiennes ou dans les images familières de son enfance, les sujets qu'il traite d'autant mieux dans leur esprit qu'il possède un don de sympathie et de correspondance cordiale extrêmement vif.

D'autres fois, il exécute des commandes déterminées, mais c'est toujours avec la plus grande liberté qu'il les conçoit, faisant constamment et avant tout du Bourdelle et pas autre chose.

Toute classification sera donc ici factice et sans vérité, hors celle qui tiendra compte uniquement de l'évolution même du talent et de l'esprit du sculpteur.

A bien voir, ses travaux d'atelier ou de musée marquent les mêmes tendances que ses plus grands monuments et peut-être à un certain point de vue, avec plus de netteté encore.

C'est ainsi que, surtout dans la première moitié de sa carrière, nombreuses sont les statues et statuettes d'esprit païen, panthéiste, pleines de la religion de la nature et traitées selon le langage des masses dans l'ordre strict de leur existence rustique. On y sent passer les souffles de la terre, circuler la sève puissante des générations humaines, survivre avec force les ardeurs dyonisiaques qui sont à jamais celles de la race des hommes et qui ne s'éteindront qu'avec elle.

C'est plutôt sous le signe d'Apollon qu'il convient de classer beaucoup d'autres, où la spiritualité l'emporte, où la pensée se rassemble en des attitudes synthétisées, où la vie se fait plus hautaine et plus grave et demeure liée à une sorte d'ascétisme intellectuel, de grandeur idéale et passionnée à la fois suprêmement émouvante.

Dans le premier groupe se placent des œuvres exécutées plus en volumes et en masses qu'en lignes et plans. La matière existe avec sa saveur propre, carrée, ronde, pesante et pourtant toujours remplie du langage de la pensée ou du sentiment dont Bourdelle ne se sépare jamais : dans le *Jeune Faune*, dont nous avons donné une description succincte à propos de l'antiquité l'idée est mythologique mais la réalisation est moderne parce qu'elle s'appuie sur des modèles pris dans la population villageoise autour de nous ; en fait, cette figure bucolique est de tous les temps et son mérite réside précisément dans la plénitude de sa vérité, dans sa parfaite unité, dans son accord absolu avec un coin quelconque de campagne qui lui servirait aussitôt d'ambiance logique. Un charmant et puissant esprit idyllique apparente ce morceau avec ce que la poésie pastorale nous a légué de plus prenant, aussi bien dans l'antiquité que dans les temps modernes ; la *petite Cardeuse de laine*, un bronze de 1890, l'*Adolescente*, autre statuette de la même année, la *Jeune fille au bélier rétif*, sont conçues dans ce rythme de saveur agreste

en étroite liaison avec le terroir originel du sculpteur, c'est-à-dire
avec la terre entière.

Toutes ces œuvres sont remarquables de solidité, d'épanouissement sain, dans la plénitude des exubérances qui les composent comme les campagnardes qu'elles sont.

Fécondité, encore appelé *Nobles Fardeaux*, est la figure d'une
jeune paysanne qui, portant avec la robuste candeur de sa race
dans son sein l'enfant qui va naître et sur son bras l'enfant déjà
né, s'avance avec cette majesté naturelle de la femme-mère,
matrice des destinées humaines. Les plis de sa tunique droite
ont la simplicité austère de celles qui vêtent les statues grecques
archaïques. Sur sa tête, se maintient en équilibre par le seul
redressement du corps une corbeille de fruits, et tandis que la
jeune femme marche, tout concourt à magnifier la rude élégance
de son port. Fruits de l'homme, fruits de l'arbre, fardeaux éga-
lement sacrés; fruits mûrs de l'été, fécondité éternellement renouvelée de la nature, richesse inépuisable de la création qui ne
s'arrête jamais !

Ainsi, loin de tout prosaïsme banal, hors du vulgaire réalisme
qu'un tel sujet aurait pu facilement suggérer, nous voici au
contraire dans un poème de la vraie noblesse de la Terre et de
la Race.

Que d'auguste grandeur dans cet éternel mystère des divins
fruits, et pourtant quelle vigoureuse expression bien imprégnée
des âpres senteurs paysannes...

De cette même inspiration, sortie d'une fougue et d'un entrain
incomparables, une *Bacchante* nue, bondissante, dans le déchaînement joyeux d'une fête de vendanges, est tout ivresse et tout
exaltation; une frénésie sacrée l'emporte; d'un mouvement irrésistible, elle brandit de belles grappes mûres et s'en couronne.
Avec elle, la vigne entière semble danser. Les Silènes et les
Satyres lui font cortège au rythme de quelque dithyrambe
enflammé. L'ivresse a débordé de la cuve où fermente le vin et
la bacchante emportée par une musique divine ne touche plus
au sol que pour un vertigineux élan. C'est la flûte sacrée de
l'antique Phrygie que l'on entend, mais c'est aussi le chant de
nos vendangeurs du pays des cigales. Jamais Bourdelle n'a porté

plus haut l'inspiration païenne; il l'a haussée par la ferveur, et presque l'extase, jusqu'à une communion magnifique avec la puissance vitale du monde. Lui, le sculpteur de l'harmonie intérieure, révélée seulement sous son ciseau par l'austérité de l'attitude statique et dans le grand calme de la pierre, il s'est laissé enivrer lui-même pour entrer ici, comme en une sorte de danse de l'esprit, dans un dynamisme d'art.

Une *Séléné*, — gracieux et élégant corps de femme, svelte et long, épousant dans sa forme et dans sa beauté un fin croissant de lune, — et le *Fruit* — Pomone moderne, jeune femme souple, mince et flexible, offerte chastement à l'amour, tendue elle-même, en sa précoce maturité comme les deux pommes qu'elle présente dans sa main, — sont deux nus voluptueux qui donnent une note plus rare chez Bourdelle.

La *Baigneuse*, sortant de l'onde et se penchant en un délicieux mouvement, est elle aussi, toute grâce et toute pureté. Pas de mièvrerie ni de corps affadi par la civilisation des villes, mais la saine et robuste beauté populaire, pleine de la fierté native d'une race non encore dégradée, indemne de bassesse ou de trivialité.

La danse au voile est un bronze où le sentiment profondément religieux de Bourdelle l'emporte; c'est une cadence stylisée, grave et recueillie, en un mouvement rituel d'une âme qui suit sa propre inspiration selon les canons d'une initiation lointaine. Cette statuette est d'une science décorative extrêmement subtile; une savante économie des valeurs se joint à une grande délicatesse de modelé. La ligne ici prend le dessus; chaque profil est une arabesque charmante.

Religieuse plus étroitement, la *Sainte-Barbe* polychrome que Bourdelle a sculptée pour une église d'un village vosgien : image d'une sainteté naïve dans sa rondeur un peu païenne, souriante et bon enfant à la manière des statuettes médiévales dont elle se rapproche beaucoup par la facture et par le style. Elle semble d'inspiration romane directe. Un jeu de plans largement taillés rappelle ces natures primitives qui expriment leur native richesse en raccourcis et en synthèses nés d'intuitions justes.

Religieuse encore une *Jeanne d'Arc en prière*, — non point

travestie en cette guerrière froide et conventionnelle des sculpteurs
officiels ni en ce poncif de style saint-sulpicien de nos églises,
— mais une fille de notre peuple qui s'élance de tout son corps
et de toute son âme, dans un beau mouvement d'envolée simple
et sincère, de la dalle d'église sur laquelle elle prie.

Une *Sapho à la Lyre* revient à l'antiquité en la traitant sur le
mode grave. La poétesse est toute aux enivrements de la musique
et de la poésie. Elle improvise en s'accompagnant. Poèmes et
sons musicaux sont les enfants jumeaux d'un même enthousiasme.
La pierre en atteste l'accord en réalisant un exceptionnel mélange
d'austérité et de lyrisme.

La *Pénélope*, grande figure de la fidélité conjugale, est un
chef-d'œuvre de symbolisme primordial, touchant à l'âme directe,
simple et universelle de l'humanité, et dont on peut dire qu'il
a le rare mérite d'être à la fois sculptural et humain. Sculptural,
c'est-à-dire doué d'une vie organique de statue : logique avec
lui-même, équilibré autour de son centre, sans trompe l'œil,
plein, vraie dans chacune de ses parties autant que dans son
ensemble, libre parce que discipliné par lui-même en communion
harmonieuse enfin avec tout son entour.

Belle figure pleine de langueur douloureuse et passionnée,
s'apparentant à l'ordre même de l'univers qui se reconstitue tout
seul en elle et autour d'elle. Sous ses pieds on sent le promontoire rocheux où se rive l'attente ; devant elle la mer infinie où
voguent encore les vaisseaux grecs. En même temps, toute l'Iliade
sert de décor à la statue de la femme et de l'épouse, toute
l'Iliade, c'est-à-dire toute l'humanité.

Campez la Pénélope de Bourdelle sur n'importe quel rocher
au regard de n'importe quelle mer ; partout, cette pierre émouvante apparaîtra immédiatement à sa place. Elle fera bloc avec
les éléments. Par sa structure intérieure, par son intimité profonde affleurant en modelé de surface ainsi que dans une figure
de chair, elle est la sœur du granit intact dont le moindre grain,
enfermant en sa cristallisation la loi de la totalité montagneuse,
participe à l'ordre général, à la disposition d'ensemble des
masses et des plans.

En 1908, Bourdelle a donné une statue de *Carpeaux au travail,* puis un peu plus tard, *Rodin au travail;* et dans un des premiers Salons après la guerre, le *Jeune sculpteur au travail :* trois œuvres bien différentes d'accent, figurant des hommes diversement engagés dans leur art et d'âges variés, — trois œuvres partant cependant d'une même idée, dominées par un même souci, un même respect, une même religion pourrait-on dire : celle de la noblesse du travail d'art, de la sainteté du tourment créateur dans un impétueux amour pour le beau.

Le *Carpeaux* de Bourdelle est élégant, rempli de distinction, de finesse, presque de grâce, comme la sculpture même de l'auteur du groupe de la danse. Celui-ci, en blouse d'atelier, tenant dans sa main gauche la maquette commencée, pétrit fiévreusement de la main droite une boulette de glaise, tandis que son regard scrute le modèle et que, derrière son large front plissé, se sent le feu de l'esprit. Le *Rodin* est, au contraire, puissant, massif, éveillant l'impression d'énormité tranquille car il travaille à sa fameuse porte de l'Enfer. Le Carpeaux est surtout en lignes et le Rodin surtout en masses. Le *Jeune sculpteur* enfin est pris dans l'action d'une taille directe dans le marbre; marteau levé, cheveux au vent, il est agité d'une fougue juvénile et passionnée; il évoque plutôt le romantisme généreux et confiant de l'adolescent dans un essor qui ne connaît pas encore de défaites.

Le *Centaure mourant* n'a paru qu'au troisième Salon des Tuileries en 1925, mais on avait pu l'admirer dans les ateliers du maître bien avant cette époque. Cette œuvre est d'une facture si puissante, d'un style si élevé, d'une signification générale si étendue qu'elle suffirait à placer son auteur très haut dans l'histoire de notre art. Le vieux mythe de cet être symbolique mi-homme et mi-cheval a longtemps hanté l'esprit de Bourdelle. Le sculpteur a suivi son frère, le demi-dieu, dans ses emportements; il a vécu l'ivresse de ses envolées; il en a retracé les courses effrénées; il a fixé les stations de cette existence fabuleuse en cent dessins ou aquarelles resplendissants de lyrisme; il les a illuminés de cette vision terrestre et supra-terrestre à la fois qui tient du naturalisme panthéiste des premiers âges où les âmes étaient encore ouvertes à toutes les voix. Puis, après

avoir restitué en des poèmes de couleurs les sublimes moments
de ce poème vécu, il s'est trouvé un jour à son terme, celui de
la mort, alors il a modelé dans la terre et taillé dans la pierre,
la fin pathétique du *Centaure mourant*.

L'homme à corps de cheval s'arrête vaincu — ou victorieux
peut-être — dans l'élan de sa course. Quel saisissant contraste
entre son regard douloureux, tout rempli d'une humanité poignante et son corps massif de cheval où tressaille le muscle
encore chaud des galops à peine arrêtés. Son torse frémit encore.
Sa croupe s'affaisse lentement sur ses pattes d'arrière fléchis-
santes. Son cou mollit. Sa tête s'incline sur son épaule pour le
dernier sommeil. Sa lyre, compagne et raison d'être de son existence, reste debout prisonnière entre son dos accablé et son bras
retombant. Elle ne s'arrête pas de chanter les forces éternelles
de la nature dont le Centaure a été la plus vibrante incarnation.
Son ineffable musique berce l'âme expirante du demi-dieu.

Le Sculpteur s'est rarement élevé à tant de prestigieux lyrisme ;
il a magnifié l'union de l'esprit vagabond, ivre de liberté
et de chants dans son aspiration vers les sommets et vers le ciel,
au corps tenant à la terre par quatre membres trapus. Mais ces
membres agiles sur leurs durs et rapides sabots sont ceux des
plus fougueuses chevauchées. Du fond des vallées aux cimes des
monts, le Centaure, ce roi-colosse de l'espace a bondi à son gré,
comme s'il avait eu des ailes, n'écoutant que sa puissante nature ;
maintenant qu'il s'endort, on sent qu'il a accompli le cycle entier
du poète et le voilà qui nous laisse un immense enseignement...

Cette œuvre est le témoin de la robuste maturité de Bourdelle.
Si tant de force en émane c'est qu'elle est vivante jusque dans
l'intimité de la chair. Le visage, par exemple, est empreint de
grande douceur et de pure idéalité tandis que le frissonnement
des muscles court à la surface du corps encore tout pantelant.

Le travail du statuaire a su unir dans une discipline souveraine le spirituel et le matériel, enfermer la vie de l'âme et celle
de la chair dans les limites d'un style sévèrement dépouillé et
réaliser ainsi l'accord de la beauté. C'est parce qu'il y réussit
splendidement que toutes ces filles de Bourdelle ne sont pas des
fantômes : ce sont des formes et des forces qui restent.

Bien d'autres morceaux, grands et petits, sont nés au jour le jour dans les ateliers de Bourdelle. Ils sont trop nombreux pour qu'on puisse tous les appeler, ces témoins d'une carrière de labeur dont pas une heure n'a été sans travail.

Les hasards de l'existence quotidienne ou bien les affections familiales les ont souvent inspirés. Ici nous retrouvons les traits et les attitudes coutumières de la compagne de sa vie. Là un *Petit ange ailé* n'est autre que sa propre fille âgée de 2 ou 3 ans, mais traitée avec quelle grâce souriante, quel esprit charmant, quelle pensée délicate et émouvante ! Elle est surprise dans son jeu d'enfant, dans ses ébats innocents et légers comme si elle s'élançait vers le ciel, et la voici ornée de deux ailes qui encadrent bellement sa silhouette réjouie, déjà narquoise, où toute la ressemblance vit. D'une main naïve et malicieuse, elle attache d'autres petites ailes à ses talons pour mieux remplir son rôle si naturel de petit ange...

Un autre jour, Bourdelle sculpte la *Mort du Cygne* : mais la danseuse qu'il avait vue mimer une musique bien connue des spectateurs de nos théâtres et concerts, — tandis qu'il méditait son œuvre, — ne se reconnaitrait guère là-dedans ! Bourdelle ennoblit du premier coup son sujet. Il en fait une sorte de thème général d'humanité. Un archange aux grandes ailes qui dessinent une lyre, long, élégant, mince, arrêté en pleine danse où le mouvement presque immobile se spiritualise dans l'éclat d'un modelé admirable, mordu par le serpent, s'affaisse doucement, presque aériennement. Poème de douleur humaine quasi divine. L'étonnant dans un tel sujet que l'Imagier nous façonne à sa manière, n'est pas qu'une mythologie descriptive puisse s'y attacher ; mais qu'elle y soit représentée par des moyens uniquement plastiques, constructifs, sculpturaux, sans aucune trace de truquage ; pas de faiblissement de modeleur troquant son art pour des effets littéraires faciles ; un sévère et rigoureux emploi des ressources infinies du langage sculptural et rien d'autre !

Suprême harmonie, accords mystérieux et profonds, limite mathématicienne des profils formels et spirituels presque atteinte : beauté des « petites œuvres » aussi parachevée que celle du style colossal le plus retentissant.

CHAPITRE IX

Bourdelle sculpteur de bustes

Une salle de bustes dans un Musée est, pour un dévot de l'art, un des centres de méditations les plus instructifs du monde. Côte à côte, ainsi que dans un salon où l'on cause, fort différentes d'âge et de signification, les têtes de marbre ou de bronze échangent entr'elles et avec nous des propos d'une silencieuse éloquence.

Témoins de cycles successifs de la pensée plastique et profonde des hommes, vont-elles s'appeler ou s'exclure ? L'appréhension n'est pas longue à se dissiper : partout où le talent et le génie ont parlé, l'accord ne tarde pas à se faire. Petites flûtes ou grandes orgues, les voix se fondent en un ensemble harmonieux pourvu qu'elles marquent une gradation vers la perfection poursuivie, vers plus de lumière intérieure.

Graves confidences de l'intimité des bustes !

Ils disent aux artistes plastiques combien le portrait est la pierre de touche de leur art.

Ils enseignent que l'œuvre, point de conjonction de tant de dons, n'est vraiment grande que doublement illuminée de pensée et d'âme. Sans vie intérieure, ils nous le montrent bien, pas de vie de la forme. Que l'artiste digne de ce nom ne soit pas seulement le copiste servile de lignes apparentes, de quelques proportions mesurables au compas : mais qu'il poursuive de son regard inquiet toujours plus avide, les lignes d'intériorité. Cette quatrième dimension, insaisissable dans sa totalité, perdue au loin dans le mystère comme le Nil vers une source ignorée, reste la seule révélation de l'essence des êtres; elle est la seule pénétration possible dans le domaine de la vie intime qui est esprit sous quelque enveloppe matérielle qu'on la rencontre. La comprendre et la reproduire, nul ne peut s'en flatter s'il n'a, par privilège divinatoire, trouvé le contact intérieur avec la trame même de l'existence mentale du sujet, s'il ne l'a surprise dans son mouvement et dans sa durée hors de laquelle il n'y a que mort...

Il y a bien des façons d'envisager le buste; plus haut que le travail de virtuose des Houdon, des Coysevox, des Coustou, nous avons eu le ciseau puissant de Puget, ce génie, enfermé certes dans le baroque, mais le soulevant sur son épaule herculéenne.

Ecoutons parler plutôt les bustes de nos derniers grands maîtres : Dalou, Rodin, Bourdelle, si souvent réunis dans nos salles modernes : leurs confidences se précisent en une sorte de chant secret de la pierre; et voici que l'on recueille de chacun d'eux ce suprême aveu, sorte de mot d'ordre, sans lequel rien ne s'expliquerait, sans lequel tout ne serait que pitoyable effondrement : fidélité au modèle.

Fidélité de Dalou, fidélité de Rodin, fidélité de Bourdelle : autant de vérités fort différentes mais qui sont loin de s'exclure.

Dalou, réaliste minutieux de la lettre, a pour lui donner la réplique son contemporain Rodin, réaliste romantique, et, un peu plus tard, Bourdelle, le synthétiste spiritualiste qui accorde excellemment la surface à la profondeur, la plastique à la spiritualité.

Or toutes les formes du vrai s'accueillent et s'accordent, sauf celles que l'on peut appeler le semblant du vrai : n'apercevoir que la lettre au lieu de l'esprit n'est qu'impuissance. Les médiocres ignorent le rapport qu'ont entre eux les volumes matériels et les volumes idéaux. Ils ne savent pas composer un visage, le construire et l'animer du dedans et non pas seulement en surface; ils ne connaissent pas le calcul des proportions par des nombres tant intérieurs qu'extérieurs.

Dalou est cependant un bon serviteur de la réalité; il a dû satisfaire, avec sa précision consciencieuse, l'amateur ou l'ami qui se sont confiés à son ébauchoir et à son ciseau. Mais le public d'aujourd'hui y découvre surtout un air vieillot et suranné tout à fait démodé, car son exécution naturaliste est trop étroite pour atteindre à la splendeur du vrai.

Rodin! notre esprit retrouve mieux sa joie. Plus de minutie rapetissante, de copie servilement attachée au modèle, mais une large conception qui permet à l'analyse de modelés expressifs d'entrer dans le secret du tressaillement. Sa hardiesse est à la hauteur de son génie. Il ose s'affranchir du strict littéral et atteindre, par des déformations calculées, le tragique des passions humaines.

Et voici que, sur ce point, il nous lègue en héritage immédiat Bourdelle. Celui-ci s'élève encore par sa vision logicienne de l'univers, par une compréhension d'« intériorité » plus étendue, sans qu'il ne perde rien de l'âme naïve naturelle.

La loi du buste, c'est la ressemblance.

Comme la ressemblance qui fouille l'être en profondeur est une qualité difficile et quelle science de découverte elle exige! Aussi beaucoup de nos peintres d'aujourd'hui la jettent par dessus bord, pensant s'absoudre ainsi de leur impuissance! A vrai dire, ils trouvent un semblant de raison dans ce fait que beaucoup de gens vulgaires réclament dans leur portrait une étroite conformité physique allant jusqu'au détail oiseux, faisant facilement bon marché de l'apport spirituel! Mais ils abaissent ainsi l'œuvre d'art à un niveau où l'art s'évanouit de lui-même.

« Quand je fais un buste, disait Bourdelle, je ne cherche pas la ressemblance; si mon travail est bien conduit, la ressemblance vient d'elle-même. » Une « construction » exacte: et voici que se mettent à revivre dans la matière sculptée les passions, les rêves, les secousses, tous les motifs d'existence du personnage!

Donc, que d'exigences, que de sévérité âprement voulue pour le portrait! Que de soins vigilants en apparence contradictoires! Car l'œuvre vise au-delà de la personne périssable. Il lui faut la durée. Il lui faut atteindre au général. Elle assume cette double charge de rester le symbole d'une qualité humaine à la fois particulière et universelle.

Voici le chef-d'œuvre de la bonté, de l'esprit, de la malice, de la ruse, de la grandeur d'âme, voici le poème de la jeunesse, ou la pensée philosophique de l'âge mûr... toutes choses éternelles, autant du moins que l'humanité. Mystérieuse collaboration à laquelle il faut aussi songer : le portrait est la rencontre de deux esprits, celui du peintre ou du sculpteur et celui du modèle. Ce sont deux compagnons qui doivent faire route ensemble jusqu'au bout sans se lâcher : redoutable communion qui peut engendrer le très haut ou le pire.

N'est-ce pas ce que Bourdelle lui-même a voulu exprimer, lorsqu'au début de sa carrière, adressant à *Mécislas Goldberg* le buste qu'il venait de terminer, il lui écrivait cette belle phrase émouvante et significative : « Dans ce portrait, ami, tu n'es pas entièrement seul... Il désigne, en même temps que ton âme, l'âme amicale du sculpteur. »

L'âme du sculpteur, comme elle s'enfermait dans cette effigie si pleine de celle douloureuse du personnage ! Cette tête inclinée tristement, portant dans ses traits à la fois les marques d'une intelligence inquiète et celles d'un esprit désabusé et résigné, comme elle est poignante et comme elle illustre bien l'inscription placée sous elle, cri d'amertume jeté jadis par Goldberg : « La paix ne règne pas sur les cimes. »

A Bourdelle gravissant les premières marches qui devaient le mener à la gloire, les envieux reprochaient de n'être qu'un sculpteur de bustes. Il aurait pu citer cette petite anecdote, concernant un de ses camarades auquel on disait un jour : « A la bonne heure ! vous, au moins, vous faites des statues et non des bustes ! » Sincère, celui-ci répondit : « Ah ! c'est que je ne sais pas créer un buste ! » Sans doute est-ce avec un sourire secret que Bourdelle se contentait de répliquer non sans ironie qu'il est plus facile d'en obtenir la commande que celle d'une cathédrale. Aussi en exposa-t-il un certain nombre dans ses premiers salons, têtes de femmes et d'enfants où il montrait déjà une très sûre maîtrise. Telle l'effigie du compositeur Saintis au Salon de 1884. Et plus tard, lorsque pleinement maître de sa pensée, ayant enfin les moyens de composer de vastes ensembles, il travailla aux compositions gigantesques dont nous avons essayé de donner une idée, le buste le sollicita toujours comme le portrait avait sollicité Rembrandt.

Le suprême intérêt c'est l'étude psychologique profonde, la lueur projetée au fond de l'âme humaine. A l'exemple des meilleurs de ses devanciers, peintres ou sculpteurs, Bourdelle excelle à pénétrer ses modèles et à les restituer dans leurs caractéristiques sensibles, intellectuelles et morales. Retrouvant sous le visage les nombreux aspects de l'être, il réussit à éclairer la surface de la chair par le feu de l'esprit. Mais la grandeur de Bourdelle est l'application de la sculpture monumentale inconnue d'autres artistes, à l'analyse constructive de têtes humaines. Ses bustes ont cela d'étonnant qu'ils apportent la même solidité monumentale que n'importe laquelle de ses plus vastes constructions. Nous voyons bien par leur exemple que le buste est un genre qui nécessite à ce point de vue des facultés aussi élevées que la grande sculpture. Les mêmes soucis, la même technique, la même science guident la main de notre sculpteur. Il n'y a pas de place ici pour le modeleur qui amenuise étroitement la glaise entre ses doigts et laisse la trace chiffonnée de ses pouces dans une effigie sans intériorité. L'ébauchoir de Bourdelle taille la pierre selon la ligne du dessin déjà fixé entièrement dans sa pensée. Les cent profils obéissent à ce dessin et ce n'est pas un « morceau » isolé que l'artiste va faire, mais la tête d'un corps qui logiquement pourrait s'exprimer à sa suite.

De ses débuts datent les médaillons d'*Arago*, de *Michelet*, de *Cladel* qui ornent sa ville natale. Ce sont déjà de beaux portraits pleins de vie et d'une étonnante profondeur.

Une tête d'enfant exécutée en 1887 est une merveille d'expression ; une plastique souple et délicate donne en surface la fleur naissante de cette vie charmante qui s'éveille ; mais déjà apparaît là cette sorte de généralisation humaine qui vous plonge en plein mystère parce qu'elle possède quelque chose d'immatériel indéfinissable, parce qu'elle participe à quelque vie supérieure où l'intelligence ne se sent pas étrangère. Elle semble la sœur de ces têtes de reines d'Egypte, sculptées depuis 1360 ans av. J.-C. et qui sont venues jusqu'à nous...

Mais il devait s'élever encore dans cet ordre lorsqu'au début du XX° siècle, il osa aborder les physionomies des grands artistes qu'il admirait, des novateurs, qui, comme lui, avaient vécu dans la lutte et dans la souffrance pour imposer leurs idées dans le combat.

Voici, fruit de longues études et de longues méditations, aboutissant d'une série de marbres — car il en sculpta jusqu'à environ douze images différentes, entr'autres « le Bacchus qui pressure pour les hommes le nectar délicieux », voici le génie héroïque par excellence : *Beethoven*.

Nul thème ne pouvait l'inspirer davantage car c'était l'auguste et terrible présence de l'ardente flamme humaine qu'il lui fallait représenter. Il allait l'incarner en celui des enfants des hommes qui avait peut-être le plus brûlé de ce feu sacré, qui avait peut-être le plus senti en son cœur et en son esprit l'immense montée de l'inspiration divine aux prises avec l'effort créateur. Noble et tragique destinée du rêve toujours insatisfait parce qu'aspirant toujours plus haut. Et n'était-ce pas encore là sa propre histoire intérieure que Bourdelle allait graver par une sorte de confession involontaire croyant relater seulement l'âme du musicien ?

Deux interprétations de ces travaux sur Beethoven nous sont restées :

L'une de 1900 où la tête, cheveux au vent, traits convulsés par un désir forcené, est d'une tragique grandeur; dressée sur un corps sans bras aussi puissant qu'un rocher, faisant front à la tempête, elle semble un élément de la nature.

L'autre, plus ancienne et qui est actuellement au musée du Luxembourg, est pleine aussi du tumulte des passions qui s'exaltent en une pensée sans cesse bouillonnante, mais elle est plus méditative, repliée sur elle-même, douloureuse, avec ses yeux clos, image d'un immense destin. Beethoven, magicien des sons, muré en lui-même, n'est-il pas le frère de cet Homère que la légende a fait aveugle, — pour une suprême clairvoyance, fermé aux choses du monde. Le large front qui a contenu les neuf

symphonies porte les marques du sublime tourment de la création. Les banales sollicitations journalières n'ont aucune prise
sur ce masque concentré; isolé sur sa cime, plein des tempêtes
sonores que son esprit seul entendait, il est tout rempli de la
majestueuse allure beethovenienne, en la figure même du génie.

Nous trouvons ensuite à des dates différentes les bustes de
Madame Simu, d'*Onésime Reclus*, de *Rodin*, de *Ch.-L. Philippe*,
du *D^r Kœberlé* de Strasbourg, de *Tristan Corbière* et de son père,
de *Jean Moréas*, de *Vincent d'Indy*, de *Rouveyre*, de *M. Simu*,
créateur du musée de Bucarest, et tant d'autres...

Au Salon de 1908, paraît la tête de *Ingres*, actuellement au
musée de la Ville de Paris (Petit Palais) et qui est tout à fait
remarquable. Ingres, le compatriote de Bourdelle, Ingres bien
différent de lui, mais qui lui ressemble par sa haute probité
artistique, par sa ténacité, par l'acharnement qu'il met à appliquer et à faire triompher ses idées, par sa science profonde.

Aussi nous a-t-il restitué ici l'homme autoritaire et passionné :
masque d'un lutteur et d'un chef et non celui du tranquille bourgeois que l'on se plaît à nous représenter. Ce classique, au dessin
calme et souverainement traditionnel, fait donc figure de révolutionnaire ! Sans doute Bourdelle a-t-il fort bien compris son
illustre devancier. Revenir à la tradition, l'imposer avec force,
n'est-ce pas parfois une sorte de révolution à rebours aussi féconde
que n'importe quelle autre, surtout quand on n'est pas loin de
se hausser au rang d'un Raphaël ?

Pour Bourdelle, de plus en plus, le visage humain est la transcription d'un caractère, d'un esprit, d'une sensibilité, d'une
personnalité intellectuelle et morale. Non point à la manière de
ces sculpteurs littéraires qui pensent atteindre un tel but par
quelque artifice en trompe l'œil, demandant à tels attributs accessoires ou bien à telle pose conventionnelle une éloquence qu'ils
ne peuvent donner par la qualité constructive, mais en maître
de son art qui connaît la matière qu'il travaille, l'abordant toujours avec une conscience et une discipline qui ne transige pas.

C'est ce que nous allons voir en étudiant de près une des plus
belles créations de Bourdelle dans ce genre : le buste d'*Anatole
France*.

Rodin lui-même, découragé par la mobilité capricieuse, par l'ironie à volte face de M. Bergeret, avait reculé devant lui...

France ! grâce sensuelle et austérité morale, ironie exquise et goût d'amertume, abondance pleine de magnificence et sécheresse du néant, méprisant pour l'homme et indulgent pour les hommes, raisonneur subtil, ingénieux sophiste, habile manieur d'idées, esprit infatigable, Pyrrhon et tout à coup Robespierre en miniature d'un communisme lointain, et toujours l'artiste, maître d'une élégance musicale, balancée, rythmée, qui a capté par son style la parfaite mesure du temple grec.

Précieuse image qu'en a retracé Bourdelle !

Le large front se creuse de deux plis révélateurs de pensée. La distinction de la physionomie se complique d'une malice affable et polie. La vieillesse lui ajoute une sérénité de philosophe antique.

La base, la chose vivante qui soutient le tout, c'est la carcasse : l'œil s'inscrit logiquement dans la fenêtre osseuse qui le protège ; sa prunelle n'est pas défoncée par un truquage indigne d'un bon ouvrier ; pas de prunelle d'encre donnant la pauvre illusion de la tache ; la couleur naît ici de l'ombre dégradée et nuancée projetée par les saillies environnantes, ainsi que de la forme, de la place strictement calculée : c'est la couleur sculpturale.

Le regard est coloré comme si l'iris, pour être complet, n'attendait qu'à peine le pinceau du peintre. Il est aigu et vrai, parce qu'il est tenu, gardé, ramassé, enchâssé, possédé, surveillé, dominé, étreint, mis en place et en présentation par les arcades frontales, par toute l'ossature voûtée qui l'encercle et le garde, par la forme juste de l'orbite, saisie et exprimée pour tous les mouvements et toutes les directions de ce regard. Quelle science de l'analyse allant puiser à l'intérieur la raison des voûtes inébranlables d'une tête pour en construire le dehors.

Beaucoup de sculpteurs ont abusé de ce procédé du creux noir des prunelles pour donner de la soi-disant couleur ! Les antiques creusaient un trou, mais c'était pour y enchâsser des pierres précieuses, belles comme des iris... Bourdelle a préféré conserver toute la valeur constructive à ce regard d'Anatole France, afin que l'œuvre soit bâtie tout entière en volumes qui s'enchaînent par l'intimité intérieure sur l'assise solide des valeurs chiffrées du dedans.

Rien d'aussi « portrait » et d'aussi humain, d'aussi particulier et d'aussi universel que ce buste, sévère et grandiose comme un granit égyptien.

Ce n'est pas la littérature, insistons-y, qui le baigne de grimaces plus ou moins expressives, et dites telles à tort. Non. Dans le jeu des masses vivantes, agissantes, matérielles et poussées de spiritualité, Bourdelle a créé, sans rien devoir aux livres de l'homme de lettres. Pas l'ombre de drame littéraire, de sentimentalisme livresque, pas d'anecdotes, rien que le fond éternel qui vit au dedans de cette bâtisse qu'est un corps humain, de cette cathédrale qu'est un visage avec le chef-d'œuvre du crâne !

Pas de subterfuges, pas de procédés usés comme l'exagération de creux et de saillies pour augmenter l'expression, mais la saine et stricte recherche des lois essentielles par lesquelles se superposent les plans et s'édifie quelque chose venu des racines de l'homme.

C'est donc de logique frémissante qu'est composé l'Anatole France, de certitude dans la connaissance des sources de la beauté. Voilà de la haute sculpture parce qu'il y a création spirituelle en même temps que création plastique dans le respect des matériaux.

Né du calcul central des mécanismes matériels et des moteurs intellectuels du modèle, ce buste d'Anatole France après avoir été pénétré est recréé en construction sculpturale, révélant un sens aigu de l'homme mis au sens statuaire du roc.

Le visage charnel et le visage intellectuel sont accordés dans le plan de traduction d'une existence humaine transposée dans la pierre par la compréhension monumentale intime.

Bourdelle a été très loin ici dans sa volonté et dans sa loi : cette œuvre tire toute sa force des solides appuis que le sculpteur a conservés dans le passé. Ses devanciers sont là, les lointains et les immédiats.

Mais Lui, par sa propre volonté d'artiste et son génie généralisateur, a été plus loin encore.

Il a compris que le *caractère* ne peut se séparer de l'intimité de l'être, qu'il lui est uni en sa surface comme en sa profondeur, que le trait dominant du sujet prend sa vie dans toute sa structure, surtout dans la charpente osseuse, véritable édifice structural sous le recouvrement de chair; — que l'être enfin fait partie du tout-univers, comme l'immense vague d'une marée d'équinoxe assied sa puissance sur les mille petites vagues de l'Océan, comme la houle des surfaces subit les plans des fonds terrestres de la mer.

Que de vie complexe, vigoureuse, émouvante, mystérieuse, pleine de sensibilité et de raison tout à la fois, dans cette représentation d'un subtil écrivain dont l'ironie tantôt malicieuse, tantôt indulgente, nous arrête et nous étonne comme une force inexpliquée du monde. Tout cela anime ce buste; tout cela, finesse, distinction, valeur intime sans mesure possible, est retenu pour toujours dans le marbre, dans le roc, cette ossature de la sphère.

Anatole France, solitaire inaccessible, artiste-né, ne pouvait être pénétré que par un de ses pairs, en toute similitude de qualité, et par divination.

L'*Anatole France* de Bourdelle est un chef-d'œuvre.

Pour un travail de cette perfection, l'artiste fait appel à toutes ses découvertes d'artisan; il se souvient de ses bois bâtis en meubles de ses débuts et sculptés directement dans leur masse, de ses monuments entiers exécutés plus tard, de son sens de peintre, de portraitiste serré, de sa pénétration des formes dans le marbre, de sa connaissance des bronzes taillés par ses burins. Il a fallu tout cela! et tout l'éveil d'esprit critique en lutte avec l'esprit sensitif enthousiaste!

*
* *

Bien d'autres bustes sont nés dans les ateliers de l'impasse du Maine: ceux des deux *Coquelin*, de l'architecte *Auguste Perret*, du *Président Alvéar*, petit-fils du général, de l'éminent écrivain anglais *Sir James Frazer*...

« Ce buste, je l'avoue, écrit l'auteur du Rameau d'Or, me

paraît une œuvre d'art très belle et d'un style qui rappelle la sculpture grecque de la bonne époque. Idéaliste, mon ami Bourdelle a peut-être idéalisé et en quelque sorte transfiguré les traits un peu lourds de ma physionomie écossaise en me prêtant l'air d'un philosophe qui médite sur l'énigme de l'univers. Je ne sais si, en réalité, mon visage possède toute cette gravité, toute cette profondeur philosophique; mais, si le sculpteur avait réussi à saisir ma vraie pensée, à l'attraper, pour ainsi dire, à sa plus haute envolée, je serais heureux qu'après moi on gardât seulement ce portrait et qu'on détruisit tous les autres. »

C'est bien ainsi que, comme ceux de Rembrandt par exemple, les portraits de Bourdelle sont toujours vus du dedans; ils ont une constitution saine et robuste et s'épanouissent dans la logique de leur plénitude. Sa sévérité habituelle, son austérité naturelle n'excluent pas la grâce et le charme féminin quand ses modèles les lui apportent.

Tel ce buste de jeune fille chilienne par Bourdelle où l'âme en son essor printanier vient s'épanouir sur le visage en une indicible douceur : c'est une fraîcheur de jeunesse, un éclat d'aurore, un rayonnement de pureté, une tendresse prise sur le vif avec tant de divination qu'on se demande comment ce miracle est possible.

Dans ces dernières années, son profond sentiment de peintre l'a conduit plus loin encore : il a complété son œuvre en créant des bustes polychromes de la plus grande beauté. Il les a conservés dans ses ateliers. Sans doute sera-t-il permis un jour d'en parler publiquement et d'enrichir nos musées de ces merveilleuses productions d'un art que les siècles conserveront pour leur joie.

CHAPITRE X

Bas-reliefs et hauts-reliefs

En 1890, Bourdelle exécute son premier bas-relief, *Trois jeunes sœurs*, œuvre charmante et pleine de fraîcheur. Comme toutes les branches de l'art sculptural se tiennent, d'emblée il se révèle déjà très fort en celle-ci. Sa personnalité s'y marque très nettement, bien que les influences des maîtres qu'il aime à cette époque, Pujet, Rude, Carpeaux, s'y fassent sentir, nullement en redites inutiles, mais incorporées à son propre savoir, mêlées en lui comme les fruits d'un enseignement venu à point.

Trois jeunes sœurs est un poème sculpté de la jeunesse, de son innocence, de sa candeur, de sa bravoure à aller de l'avant. Les trois visages, chacun avec son expression propre, l'un souriant et comme étonné devant la vie, les deux autres plus graves et rêveurs, sortent de la pierre avec une aisance et une liberté parfaites. Tout en courbes harmonieusement dessinées, tout en modelé d'une rare intimité, et maintenues dans la discipline du bloc, les trois sculptures forment un ensemble très bien conduit : elles réalisent déjà cette unité d'art vers laquelle Bourdelle s'efforcera de plus en plus et sans laquelle il n'est pas de belle œuvre.

Par la suite, le bas-relief a souvent tenté Bourdelle; nous le voyons y développer rapidement la maîtrise d'un technicien qui connaît à fond les lois spéciales à cet art; s'il s'y adonne, comme partout ailleurs, avec le lyrisme et les dons de création du grand artiste qu'il est, c'est après avoir longuement mûri les ressources dont il dispose pour être le maître de sa main.

Il a confronté le bas-relief et la ronde-bosse. Il sait qu'un bas-relief peut donner l'impression ronde-bosse quand il est créé par un sculpteur initié, et, par contre, qu'une ronde-bosse mal conduite peut paraître un mauvais bas-relief. Souvent cela peut être un défaut qu'un bas-relief ne demeure pas d'aspect plat; un défaut aussi dans certains cas qu'une statue n'emprunte pas ou ne garde pas des aspects de bas-relief. Ainsi, il n'y a pas de cloison étanche entre les genres, bien au contraire.

Le bas-relief cependant a son rythme particulier; il obéit à la fois au plan du mur sur lequel il s'inscrit et aux plans multiples des différents profils qui le rattachent à la sculpture ronde-bosse. Il est une double écriture: l'une, linéaire et développée suivant la surface murale pour que l'œil puisse le suivre comme il suit un tableau; l'autre, en saillie pour que le regard puisse monter et redescendre le long des plans.

Ces deux écritures d'un même texte doivent se marier constamment et parallèlement, se soutenir et se compléter l'une l'autre sans défaillir et en toutes leurs parties.

Le sculpteur ne jouit de l'aisance et de la liberté nécessaires que s'il est maître de ces deux claviers dont il joue à la fois.

Ainsi fait Bourdelle avec autant de naturel et de puissance que lorsqu'il jette une fresque sur un mur dans le feu de son inspiration.

C'est au Théâtre des Champs-Elysées qu'on se rend le mieux compte de cette identité de sagacité dans les moyens : Fresques et bas-reliefs concourent avec un égal bonheur à la décoration de cet édifice. Et l'on sent bien entre eux la communauté d'origine, la fraternité de pensée, la similitude des montées.

Bourdelle, qui connaît parfaitement l'utilisation de la lumière, donne plus ou moins de saillie suivant que le bas-relief est destiné à l'intérieur d'un édifice ou à son extérieur; il tient scru-

puleusement compte aussi de la hauteur à laquelle il sera placé.
Il en affermit les contours et soigne le modelé en raison de la
place et de la distance. Tout est combiné pour l'impression
exacte à produire sur l'œil du spectateur. Comme de tout autre
sculpture, du bas-relief de Bourdelle on peut « faire le tour ».
Placez-vous contre la paroi du mur qui le porte, regardez-le ainsi
de côté, rien ne vous paraîtra déformé, tant les plans dégradés
sont bien calculés de la surface à la profondeur, tant ces plans
de convention sont mesurés aux proportions vraies et par rapport à elles.

C'est en s'inspirant de la concordance nécessaire entre les
divers éléments au milieu desquels vivra sa sculpture que Bourdelle exécute tantôt le bas-relief normal, tantôt le haut-relief se
rapprochant plus ou moins de la ronde-bosse, tantôt même le
bas-relief dans le creux ainsi que le pratiquaient les Egyptiens.

Ainsi, par la disposition des valeurs, par le jeu des noirs et
des blancs, c'est-à-dire par la gradation des ombres comme par
l'utilisation des ombres portées, il donne à ses bas-reliefs une
étonnante couleur.

Enfin, il n'oublie pas qu'il s'agit avant tout de décoration, et
il se montre un artiste ornemental de premier ordre.

Il sait ordonner le décor sans que ce souci exclusif l'entraîne
à des surcharges discordantes comme le sont trop souvent celles
des motifs décoratifs sur les monuments de la Renaissance, ou
pire encore sur ceux qui ultérieurement se sont inspirés de cette
époque.

Les belles figurations de Bourdelle du Théâtre des Champs-
Elysées représentant la *Danse*, la *Tragédie*, la *Comédie antique*
et la *Comédie moderne*, la *Sagesse active ou Pallas combattant*,
la *Muse domptant Pégase*, le *Poète et Pégase*, la *Sculpture et
l'Architecture*, l'*Art musical antique* et la *Musique moderne*, sont
des œuvres à la fois murales et sculpturales d'un art et d'un
lyrisme personnel étourdissants.

Cinq de ces reliefs composent la partie basse de la façade,
avec personnages de grandeur naturelle, tandis que la partie
supérieure est occupée par une frise représentant les méditations
d'Apollon avec figures de proportions colossales.

Art probe, respectant le rythme total de la façade pour lequel il est fait. Grand style mural par excellence. Dessin cursif dont la lecture ne s'interrompt pas d'un bout à l'autre.

En même temps, langage de statuaire qui ne néglige le développement sculpté d'aucune partie, faisant concourir à la vie de sa figure le moindre de ses mouvements, le plus petit pli des tuniques ou des voiles, l'arrangement des divers attributs ou accessoires.

Le statuaire a employé ici le haut-relief et cependant, ainsi que dans l'antiquité égyptienne, ou, plus près de nous, dans les bas-reliefs de Jean Goujon, il est resté constamment fidèle à ce parti-pris architectural de ne pas défoncer le mur : il maintient les saillants de ses personnages dans l'ordre général, dans la tranquillité de la surface, dans l'équilibre du dessin d'ensemble. Et pourtant, comme elles sont vibrantes et parfois tumultueuses, ses figures !

Lyrisme personnel enfin, parce que, maître de ses techniques, l'artiste chante en toute liberté selon son inspiration ; il imprime son hymne débordant dans la pierre avec plus de sûreté et de magnificence que ne s'incruste la voix humaine sur un disque phonographique ! Mais, à l'encontre de ce dernier, il exige plus que l'oreille charnelle pour l'entendre.

Beauté aérienne et spiritualisée et comme canalisée, gardant un mouvement de vie d'une richesse inépuisable.

Vie où la réalité et le symbole se prêtent un mutuel secours.

La symbolique de Bourdelle ne réside pas dans la présence d'attributs allégoriques. Elle ne compte pas sur le sens conventionnellement attaché à des fictions mensongères ou à des lieux communs rebattus. Elle vit dans le pur symbole qui est vérité synthétisée profonde, plus ou moins cachée et toujours retrouvable par la voie de l'esprit.

Les hauts et bas-reliefs symbolisent donc ici les aspirations du génie humain dans les arts plastiques. Ce sont la *Musique*, la *Danse*, la *Tragédie*, la *Comédie*, la *Sculpture* et l'*Architecture*, muses sévères, austères et hautaines mêmes dans leurs sourires ; d'un mouvement large, marqué d'âme, elles portent le fardeau des grandes passions de l'humanité, ces filles directes de l'esprit ardent de l'artiste.

La Comédie antique et la Comédie moderne jouant à l'échange de leurs masques sont deux gracieuses figures de jeunes femmes souples et belles, enjouées et remplies cependant de la grandeur de leur rôle qui réunit au travers des siècles Aristophane et Molière. Une continuité d'esprit s'établit de la comédie antique dansant nue comme une bacchante à notre presque contemporaine, vêtue rustiquement et portant dans son sourire le raffinement civilisé, par le truchement de ces masques qui sont de toutes les époques.

La *Tragédie* sort d'une vision que l'on dirait prise jadis sur les gradins d'un théâtre grec : le drame des Sophocle et des Euripide, celui qui remue les foules et touche à ses entrailles est là tout entier ; le glaive en est le personnage central apparent, mais la fatalité en est la véritable animatrice. Un grand prêtre, obéissant sans doute à quelque implacable divinité, présente le glaive, instrument des crimes, des châtiments, des sacrifices ou des guerres : une vierge, chancelante en sa jeune et belle nudité, le repousse avec horreur. Et l'arme, la pointe vers le sol, se déployant avec sa large lame comme une malédiction, reste entre eux, tenue haut, presque au-dessus des têtes, dans un effort passif et sacré qui se rattache à quelque puissance supérieure aux malheureux mortels.

Sur le tympan de la façade, *Apollon et les Muses* remplissent tout le décor. Apollon est ici le dieu de la méditation. Il est le cerveau divin, père de toute création. Sa Muse, ailes ouvertes, veille derrière lui et ne le quitte pas. Le théâtre entier est un temple qui porte son dieu sur son fronton. Toutes les autres muses accourent en un élan unanime et passionné, dansantes et chantantes, animées du délire sacré, et voici que la première des rapides arrivantes s'arrête tout à coup et recule effrayée de son audace de se voir si proche du Dieu : elle s'incline. Le silence du dieu a parlé ; la majesté du mystère qui rayonne de cette face l'élève elle-même dans l'empyrée des sublimes envolées... Emouvant symbole de la crainte sacrée du véritable artiste devant l'œuvre qu'il entreprend ; précieuse allusion à l'ésotérisme de l'art, à la sainteté de son Mystère où l'on ne peut pénétrer qu'en état de grâce seulement...

Poème de pierre aux scènes variées, aux chants alternés comme des rhapsodies d'épopée, écrit dans un style d'une magnifique unité, sévèrement conduit dans le strict langage uniquement sculptural. Les mouvements de la pierre s'enferment dans son rythme à elle; ils n'empruntent à aucun mensonge d'à côté quelque fallacieux secours. Tout ce qu'on peut dire d'eux par les mots et les phrases, eux le disent par la plastique structurale, les lignes, les angles, les formes arrondies, les proportions harmonisées suivant la règle d'or de l'art.

Une qualité d'éternité vient diviniser la vie; et c'est le grand effort du sculpteur d'avoir légué cette vie au marbre. Il y conserve le chant de la terre en l'éternisant. Et c'est le bel essor de l'esprit triomphant.

L'*Athénée combattant*, du même théâtre, est une œuvre remarquable d'inspiration identique: puissamment rejetée en arrière pour lancer son javelot, cette Pallas a la force, la puissance, l'énergie première d'Héraklès archer. Mais combien son visage s'est calmé et épuré.

**
* *

Les six bas-reliefs du *Monument Mickiewicz* donnent un mouvement lyrique d'une exceptionnelle puissance à l'ensemble dont ils font partie. Le sculpteur s'est largement inspiré des écrits du poète dans le choix des épisodes qui en constituent les sujets. Mais, selon ses tendances d'esprit uniquement plastiques et constructives, c'est toujours par une transposition dans son art et par les seuls moyens de cet art qu'il les transcrit. Le moindre motif est traité comme le trait d'un visage. L'écriture est rigoureusement dessinée et sculptée avec une stricte économie des valeurs, avec un détaché impétueux et sage à la fois. Tout chante et rien ne déborde. Bourdelle a déployé ici le plus chaleureux lyrisme en s'astreignant à la plus impeccable discipline. Le respect des plans lui a imposé de placer toutes les figures dans le rentrant architectural; la vie des formes lui a commandé de les travailler dans la profondeur et dans le relief ; double souci qu'il a mené parallèlement avec un bonheur incroyable.

Le principal de ces bas-reliefs, conçu et exécuté dans son premier état par Bourdelle pendant la guerre, offre à nos yeux trois belles figures de femmes jointes par les mains et remerciant du regard, dirigé vers le haut de la colonne, le prophète de leur délivrance : ce sont les trois Pologne libérées et réunies maintenant en une seule âme. Beau panneau d'une extrême puissance d'émotion.

Sur un des côtés, le chant d'Aldona est un poème sculpté d'une grande simplicité, d'une suavité d'expression pénétrante, tandis que sur une autre face le chevalier teutonique avec son oriflamme évoque toute l'épopée. Voici le vieux barde et voici les captifs frémissants, douloureux, enchaînés et soulevés à la fois par la parole du poète : « Sache que tu peux par la pensée détruire ou refaire des trônes. »

La pensée du sculpteur elle aussi ressuscite des mondes.

*
* *

Le *Monument des Mineurs de Montceau-les-Mines,* dont nous avons déjà raconté la manière large, est un travail d'architecture qui prend beaucoup de sa valeur des bas-reliefs qui l'ornent.

Là encore, ces derniers sont traités dans l'esprit des surfaces planes, dans le respect des limites du bloc qui ne laisse rien s'échapper hors de lui. Pas de saillants intempestifs qui fassent fausse note dans le concert des cadres architecturaux et de leurs plans.

Les personnages sculptés, les éléments de la composition sont tous inclus dans la pierre ; les saillies viennent affleurer à son bord ; la sculpture constitue là elle-même le mur. Les contours et les plans des formes sont calculés pour créer une juste vision des profondeurs et des surfaces partout où l'effet d'art l'exige. Mais on sent bien que le sculpteur a voulu que le mur reste mur et que sa présence demeure derrière les sculptures. C'est la conception murale des Phidias au Parthénon, des imagiers romans aux portails des églises, de Jean Goujon à la Fontaine des Innocents. Ce n'est pas celle de Rude avec son groupe passant du Départ ni celle de Carpeaux avec sa frémissante ronde de la Danse, de l'Opéra.

Bourdelle revient à la conception murale, aux grands principes décoratifs qui apparentent par exemple les Orantes archaïques grecques aux statues-colonnes de St-Denis et qui sont la véritable tradition de cet art. Et il y triomphe car la vigueur de son exécution, sa pensée généralisatrice hausse la fugitive notation d'un instant à la permanence de l'idée ou du sentiment qui l'anime.

*
* *

On doit à Bourdelle entre autres belles œuvres, le petit bas-relief qui se réalise en médaille : la Croix de guerre dessinée et modelée par lui pour la Tchécoslovaquie ; elle représente un jeune cavalier tendant toute son énergie pour dompter un robuste cheval, Pégase guerrier, qui l'entraîne vers la Gloire. C'est un travail de sculpture en saillie sur un fond construit avec la plus grande rigueur et comme s'il s'agissait de faire corps avec la muraille d'un temple. L'économie des valeurs et la distribution des lignes décoratives est d'un effet saisissant. Rien de la mièvrerie habituelle de nos médailles. Tout est traité ici avec conscience et grandeur.

En 1924, Bourdelle reçoit la commande d'un large bandeau sculpté de douze mètres de long destiné à surmonter la scène du Grand Théâtre de Marseille.

« Bas-relief improvisé sur composition au trait du 21 mars au 21 mai 1924 » indique Bourdelle en une inscription placée dans l'un des angles de l'ouvrage.

C'est bien une véritable improvisation qui a lieu. Cette œuvre nous offre un travail conçu et achevé à la manière du Maître dans la frénésie de l'inspiration et dans des conditions exceptionnelles de rapidité, de sûreté et de bonheur.

Ceux qui ont pu suivre ce magnifique décor dans ces formes successives savent le charme ineffable du premier dessin dont il est issu. Ecrit comme un poème par un barde inspiré, il se présentait avec cette mesure et cette perfection que seules des res-

sources techniques inépuisables et sûres peuvent permettre. Déjà,
il portait avec lui sa forme sculpturale et sa couleur, et pourtant
quand il s'est trouvé transporté dans le stuc, ce nouveau travail
a pris rang d'une deuxième création.

Deuxième création, en effet, car bien que maintenues dans la
surface plane qui les commande, les figures sont taillées selon
les lois de la statuaire avec les multiples plans nécessaires pour
créer la vie dans toutes ses faces. Le mouvement, qui semble
sortir de la profondeur par les contrastes et la gradation des
reliefs, vient affleurer au modelé sans jamais déborder la grande
frise plane qui se déroule avec un calme majestueux. Sous quelque angle qu'on la considère, elle est juste avec elle-même et
son unité n'est jamais rompue.

Le véritable sujet en est naturellement purement plastique.
Mais les éléments de sa figuration ont été puisés dans la mythologie. Mythe ancien rajeuni par Bourdelle ? Plutôt légende éternelle ranimée par l'art sculptural.

Le thème essentiel est la naissance de la Beauté ; les muses
lui font cortège, les muses protectrices des différents arts qu'elles
animent.

Au centre donc, Aphrodite sort des flots de cette Méditerranée
qui baigne la côte massilienne et que nous voyons franger de
son arabesque mouvante toute la ligne inférieure du tableau.
évoquant ainsi la vie maritime de l'antique cité phocéenne.

Selon la conception classique déjà adoptée par Phidias, Vénus
est reçue par Eros, le dieu de l'Amour, dont l'enfance éternelle
défie toute mesure du temps, et qui déploie ses ailes de génie
bienfaisant. Deux Grâces, longues et nues, l'une à droite, l'autre
à gauche, la soutiennent dans son ascension et la glorifient dans
son épanouissement ; et voici que se déroule de chaque côté du
groupe de la Beauté naissante l'harmonieuse suite des figures
qui incarnent ses nombreuses expressions.

A droite, la Comédie, la Danse, l'Epopée sous la forme d'un
héros portant un génie blessé, enfin, assise dans une attitude
concentrée et tenant un long flambeau qui brûle au-dessus de
sa tête, la Mémoire. Surmontant toute cette partie de la frise,

deux personnages, homme et femme, emportés vers le ciel par un élan mystique figurent le Chant.

A gauche, la Tragédie orageuse et enflammée ; la Poésie lyrique, sa grande lyre d'une main tandis que de l'autre elle entraîne un arbre qui représente la forêt, symbole de la nature ; les Choreutes, trois jeunes femmes du chœur antique, chargées des attributs du succès et de la gloire, couronne de laurier, ailes d'Icare ; enfin, assise la tête inclinée, abandonnée dans ses pensées, la Méditation qui est le pendant de la Mémoire. La symétrie se complète par la personnification du Chant agreste, jeune berger avec la flûte de Pan, au-dessus de ce groupe de gauche.

Tels sont les mythes simples et clairs qui sont le support de motifs décoratifs et plastiques dont l'ordonnance nous semble ressusciter le sens perdu des vastes compositions. L'esprit qui vient d'assembler toutes ces formes est profondément imprégné de rythme architectural. Comme dans beaucoup de ses œuvres précédentes, Bourdelle a fait ici en réalité de la sculpture monumentale, c'est-à-dire adaptée à son rôle de cadre de scène. Et pourtant, aussi bien, grâce à ses frémissements intimes, celle-ci pourrait décorer un portique qui serait proche de la vue !

L'unité constructive de ce travail en détermine la rare valeur ; les figures qui le composent ne sont pas là pour raconter chacune son anecdote personnelle, ni juxtaposées pour remplir un cadre ; elles sont les membres d'un tout sculptural et formant un organisme bien vivant. Rien au hasard ; avant tout, la raison d'ensemble. L'œil et la pensée du spectateur ne peuvent se détacher d'un accord qui rentre sans cesse en lui-même sans la moindre brisure. Cet accord commande toutes les lignes, ordonne la symétrie des masses, maintient leur étroite solidarité, dans un frisson tout intérieur.

Le dessin est rigoureusement conçu pour être juste avec lui-même. Bourdelle a adopté pour le transporter dans la matière une écriture linéaire qui lui conserve sa valeur pour ainsi dire graphique, s'inspirant sans doute des bas-reliefs assyriens ; il y a mis cependant plus de simplicité et de liberté, sachant tirer des à-plats polis et des surfaces striées qui s'opposent une grande force d'harmonie.

De plus. un profond sentiment de peintre qui suit notre artiste d'une façon plus ou moins apparente dans toutes ses créations s'est manifesté ici par la polychromie, réduite à l'emploi des différentes valeurs de trois couleurs seulement.

Combien de bons artistes ont fait de la véritable couleur au sens « peintre » du mot avec du noir et du blanc. Bourdelle en fait avec un roux et un gris qu'il a subtilement choisis. Et cela donne à souhait la couleur la plus chaude et la plus appropriée. Les nuances variées avec beaucoup de soin, les gradations, les contrastes et les transitions, les valeurs, tout se complète pour la faire vibrer, la monter en sel spirituel.

« Je place près de mon vaste bas-relief, écrivait Bourdelle, le plan des architectes, avec le cadre et loges de la scène; le tout en couleur. Ma frise polychrome est donc le fait de toutes les autres couleurs : celles des stucs, des marbres veinés jaunâtres, la pourpre des loges, la décoration du plafond, et j'y ajoute les épaules et les toilettes des belles provençales ! Les jeux et les décors sur la scène d'Opéra !.. Tout cela repoussait la pétrification et me forçait à concevoir ma forme avec l'ardeur polychrome... Architecture, sculpture, peinture réunies, voilà mon vrai labeur. »

Admirons comme tout est spontané et calculé à la fois; la sève sans cesse redonnée et toujours la raison d'ensemble...

Nous devons à une telle discipline cette œuvre murale certainement unique à notre époque, et Marseille a la chance de posséder un de nos meilleurs titres au souvenir de la postérité. Les grandes orgues de ce lyrisme débridé restera intelligible aux générations humaines tant qu'elles auront besoin de belle pensée et de poésie.

CHAPITRE XI

Bourdelle peintre, décorateur et illustrateur

Ce n'est pas en vain que nous avons pu dire de Bourdelle qu'il était, comme tous les vrais artistes, un artiste complet : non seulement un sens aigu de peintre le sert dans toutes ses créations sculpturales ou autres, mais encore, à plusieurs reprises, l'art pictural a retenu exclusivement son effort et le peintre, chez lui, s'est rendu l'égal du sculpteur. S'il s'est toujours adonné plus ou moins à l'un et à l'autre des deux arts, il est une période de son existence que l'on peut plus proprement appeler picturale.

De 1895 environ à 1900, Bourdelle eût une raison majeure pour abandonner l'argile mouillée et se consacrer uniquement à la peinture. L'humidité de la glaise manipulée quotidiennement l'avait affligé de rhumatisme ; moins cruelle cependant que le mal qui s'attaque aux yeux chez un peintre, cette affection atteignait le modeleur dans ses mains même et les privait ainsi de leur rôle vital.

De cette époque datent de beaux portraits d'une pâte brillante, et qui fait songer à Vélasquez, à Turner surtout ; puis des tableaux tels que l'*Ombre verte*, cette idylle d'une si délicieuse fraîcheur et quelques beaux portraits peints qui sont en province.

A ce temps surtout se rattachent de splendides pastels qui

firent sensation aux Salons de ces différentes années. Un nouveau La Tour était né ! S'il avait suivi cette voie c'eût été pour notre jeune artiste la fortune rapidement assurée et combien plus facilement. Les commandes affluaient, une carrière bien tentante s'offrait là, pleine de promesses et de réussite... Mais une volonté héroïque portait Bourdelle vers son grand art de prédilection : la sculpture. A peine guéri, cette maîtresse tyrannique et difficile le reprit plus vivement encore. Le pauvre argent gagné par les pastels servit à exécuter le monument des Combattants de Montauban : neuf ans d'études et de travaux...

A l'instar de son illustre devancier du XVIII° siècle, Bourdelle se lance avec brio dans la féerie des poussières multicolores : il fait resplendir dans le pastel la personnalité morale et spirituelle de ses modèles, leur physionomie mondaine ou celle plus profonde de leur véritable intimité. Il surprend la jeunesse dans sa fleur. Il allume l'éclat des yeux. Il saisit le vol de la pensée, le charme ingénu d'un sourire, la mobilité nerveuse d'un visage. Et tout cela, il le met en valeur, avec son art incomparable, par l'arrangement des étoffes, la pause qu'il sait donner, les contrastes des tons frais et brillants qui sont d'une richesse et d'une distinction extrêmes. C'est une fête des couleurs : des bleus, des mauves, des violets, des ors et des rouges forment un enchantement musical tant il y a d'harmonie dans ces touches mélodieuses, délicates et variées.

Ainsi, il égale les meilleurs de nos pastellistes du dix-huitième. Mais il les dépasse sur un point : il donne de la solidité en quelque sorte à la fragilité du pastel par son savoir de dessinateur ; le sculpteur lui aussi est là pour maintenir la fine poudre lumineuse et veloutée du crayon selon des lignes vivantes qui ne s'éparpillent pas.

La *Femme au Chapiteau*, pastel de 1905, que l'on peut voir au Musée du Petit Palais, témoigne abondamment de ces solides qualités qui restent celles du dessinateur-architecte jusque dans un genre où les dispositions inverses semblent d'ordinaire requises. La tête est un profil poussé jusqu'au portrait avec une belle vérité d'expression ; mais il y a toute une composition de tableau qui va beaucoup plus loin encore ; les plis de vêtement, la belle rondeur de l'épaule, les bras levés dont les mains se rejoignent en forme de chapiteau de chair sous le chapiteau de pierre qui le domine, tout cela offre un ensemble ordonné par un jeu de lignes et de volumes, et par une gradation savante de couleurs, œuvre d'un art raffiné et sensible sans doute mais au premier chef intellectuel.

Cependant, peinture à l'huile, gouaches et aquarelles emplissent au jour le jour l'atelier et les cartons de l'artiste dans ces mêmes années et aussi dans les suivantes. Un portrait de son père est de 1906 : c'est un pieux *in mémoriam* rempli d'âme, très émouvant, que le maître conserve chez lui.

Mais à part quelques toiles sauvées de la dispersion et parfois de l'exil, la plupart des portraits ou peintures de cette période ont suivi leur destin ; elles ornent des demeures souvent fort éloignées de celle qui les a vu naître ; elles ne paraissent guère devoir nous réserver la chance de les voir un jour rassemblées...

Ainsi Bourdelle se préparait-il à sa grande œuvre picturale où il devait, comme un nouveau Michel Ange, être à la fois, et avec autant de bonheur, peintre, sculpteur et architecte : la décoration du Théâtre des Champs-Elysées.

Déjà, nous avons parlé du splendide tailleur d'images qu'il a été pour ce temple du spectacle moderne.

En ce siècle où semble arrêté tout essor architectural, en ce temps voué aux horreurs du poncif bêtement orgueilleux, du faux luxe ornemental, de la statuaire désossée et exubérante, quel miracle de rencontrer tout à coup un édifice noble, simple et harmonieux où les murs de marbre, la pierre sculptée et la couleur fraternisent.

Pour le Théâtre des Champs-Elysées, Bourdelle a retrouvé la peinture à fresques en quelque sorte perdue, et qui, faisant corps avec la muraille même, est rigoureusement de la peinture monumentale.

C'est par un abus de langage que l'on parle des fresques de Puvis de Chavanne. Les vastes peintures murales de ce grand peintre ne sont pas des fresques. Traitées dans une tonalité générale de fresques, dessinées avec grandeur et simplicité pour un effet décoratif qui, par une vision de génie, atteint magnifiquement son but, elles sont des tableaux sur toiles marouflées appliquées contre les murs mais nullement peints dans les murs eux-mêmes.

Notons en passant que Puvis de Chavanne a accompli un véritable tour de force : il a décoré de chefs-d'œuvre des édifices laids. Il a apporté sa poésie, sa noblesse de pensée, sa profonde et pure idéalité, son langage fait de simplicité, en des compositions où le symbolisme et la vérité marchent de pair comme dans une humanité nativement belle. Poursuivant sa propre vision, il ne s'est heureusement pas soucié des monuments prétentieux et sans style qui devaient abriter les scènes admirables qu'il peignait. Résultat impossible à atteindre s'il eût dû peindre, sur le mortier humide comme l'a fait Bourdelle, des figures destinées à entrer dans le rythme de l'architecture.

Car la véritable fresque ne consiste pas uniquement en un procédé technique : procédé d'ailleurs qui, par son extrême rapidité d'exécution, s'accommode de moyens simples mais reste d'une mise en œuvre fort sévère. Elle est un art qui a ses exigences et ses secrets : que l'esprit, ouvert aux sublimes initiations, sache entendre !

La fresque suit les destinées du monument auquel elle s'attache ; elle en est partie constitutive au même titre qu'un pilier ou qu'une frise puisque, si elle chante faux, toute l'architecture environnante en est troublée. Dessin, couleurs, compositions ; tout d'elle prend le *la* au diapason du monument, mais aussi au diapason intérieur de celui par lequel elle acquiert sa forme d'éternité. Voilà donc l'accord qu'il faut à tout prix maintenir : celui du fresquiste et du constructeur.

Un peintre qui ne possède pas l'esprit d'architecture, le sens des synthèses justes, l'art des équilibres exactement calculés, ne saurait viser à la solidité réciproque que prennent l'un de l'autre un bon édifice et de bonnes décorations picturales. Celles-ci ajoutent à la vie de celui-là. C'est précisément ce qui s'est produit au Théâtre des Champs-Elysées. Bourdelle, nous l'avons dit, avait dessiné la première façade d'où l'actuelle est sortie ; c'est donc en vrai maître d'œuvre qu'il a ajusté avec autorité ses créations aux proportions et au langage architectonique des murs intérieurs et extérieurs qu'il devait animer.

Dans un déchaînement d'enthousiasme, il a jeté le meilleur de sa verve, le bel élan de cette poésie hautaine et quasi religieuse dont son âme est pétrie.

Quand, aux époques de foi, les foules, pas encore dotées de cafés-concerts et de cinémas, se réunissaient recueillies dans les églises ou, bruyantes, sur leurs parvis pour quelque représentation de mystères, elles avaient proche de leurs yeux, de leurs oreilles et de leurs âmes, de belles architectures, de la musique et des chants. Que le théâtre moderne soit un cadre de beauté et d'élévation pour l'art ! Dans le bel édifice des architectes Perret les spectateurs n'auront que de nobles contacts ; c'est une maison d'art à laquelle ont collaboré de purs artistes et où Bourdelle, pour sa part, a apporté richesse, noblesse et fantaisie, dans la plénitude de son génie sculptural et plastique, avec la fougue d'un Michel-Ange mais avec plus de sérénité.

Que d'aisance, que de liberté, que de sobriété, que de solidité dans les figures de Bourdelle terrestres et aériennes à la fois ! Par un sentiment largement panthéiste, il emprunte là encore ses sujets à la mythologie dont les inépuisables légendes tiennent si profondément au cœur et à la vie de l'humanité. C'est *Eros éveillant la Terre*, la *Nocturne Artémis*, *Orphée et Eurydice*, la *Sybille*, la *Mort du dernier Centaure*, *Apollon apportant la Sagesse*, *Géa mère des dieux*, *Icare tombant en étreignant ses ailes*, *Léda enlevée par le Cygne*, *Eros et Psyché*.

Thèmes émouvants, profonds, qui sont les éternels symboles des grandes forces qui mènent les hommes et le monde : le désir, l'amour, la soif de connaître, la volonté de s'élever au-dessus du terre à terre quotidien...

Quelques-unes de ces peintures comptent parmi les chefs-d'œuvre de Bourdelle : *Géa, mère des dieux*, debout, immobile sur ses pieds nus, puissante et dépouillée de toute grâce mièvre, figure sculpturale, dressée comme la cariatide d'un univers, évoque bien la puissance créatrice de la nature aux premiers âges du monde.

La *Mort du Centaure* est le dernier chant du poème de l'être fabuleux, poème de noblesse et de vie dyonisiaque, en un déploiement d'harmonie sobre de grande fresque où les volumes d'arbre et d'azur se balancent sur la rousseur solide des figures portant arbre et azur.

Eros éveillant la Terre est le sourire de l'aurore aux lèvres d'un adolescent qui se tend vers Géa; la déesse est endormie dans sa splendide nudité sur la terre brune avec laquelle elle s'identifie et dont elle est la fleur; première rencontre, prémices augustes de l'idylle éternelle, sous un ciel sans limites comme l'univers.

Outre les dix fresques qui décorent la galerie du hall d'entrée du théâtre, on trouve dans le couloir des loges toute une suite de jeunes satyres dansant, faunes et faunesses, centaures et héros, néréides, dauphins, qui sont la plus extraordinaire interprétation que l'on puisse trouver de ces fables antiques que Bourdelle renouvelle selon sa conception personnelle qui est de simplicité ordonnée.

Tout cela a été jeté sur le mortier frais du mur avec la rapidité et la certitude du geste qui sait bien qu'il ne peut pas se reprendre; la chaux absorbant la couleur fait une sorte d'émail que rien ne peut enlever et ce sont des chefs-d'œuvre qu'elle a ainsi fixés !

Par leur fougue continue, par leur puissance, par leur profondeur, par la beauté des coloris, les peintures du Théâtre des Champs-Elysées constituent la plus grande œuvre décorative de notre époque.

On ne peut rêver plus d'audace, plus d'invention, plus de richesse dans cette histoire de la race humaine évoluant en sa force et sa simplicité primitive, encore tout près des éléments cosmiques au contact desquels le cœur de l'artiste est resté.

Quelle abondance et quelle magnificence picturales ! Ici c'est la fraîcheur de l'aurore, c'est la luminosité d'une cime, c'est la senteur marine, c'est la jeunesse de la terre, là c'est le splendide épanouissement d'une chair nue, longue et svelte, qui s'éveille aux rayons du soleil et de l'amour, c'est la beauté végétale avec ses bourgeons, ses fleurs et ses branches érigées comme un contrefort du ciel, ...tout cela avec la tendresse, la légèreté, les éclaircissements ou les assombrissements, les lumières savamment graduées de quelques tons purs qui s'opposent, se juxtaposent ou se mélangent et qui se fondent toujours en une musicalité infinie.

Ce maître du coloris c'est bien celui qui transforme en quelques minutes, avec autant de frénésie et de variété, le moindre de ses dessins en une délicieuse petite fresque sur papier. Les tiroirs et les cartons de Bourdelle en sont remplis : série des *Centaures*, des *Léda*, des *Danses d'Isadora Duncan*, des *Epigrammes grecques*, du *Martyre de Reims*, des *Orphées*, des *Homère*, des *Jardins de Bourdelle*, et bien d'autres encore nées selon son inspiration, selon son besoin d'exprimer son cœur et sa pensée dans les transports qui les assaillent.

Ce sont de vrais poèmes, le plus souvent en un très grand nombre de chants, tant Bourdelle est fécond sur un même sujet. Et toujours, la puissance évocatrice des légendes s'y renouvelle d'une fraîcheur personnelle avec un charme inexprimable.

L'artiste fait avant tout œuvre de joie : il se plaît dans les délices d'un sentiment vif et puissant tandis qu'il joue avec son propre esprit en travaillant. Pas de contrainte extérieure et d'emprunt. La liberté du mouvement s'allie à la plénitude de la vie inévitablement bien équilibrée sur elle-même. Une fantaisie inépuisable et pourtant nul désordre. La certitude occulte d'une intelligence d'ensemble rend impossible que de la plume, du simple stylo de Bourdelle sorte autre chose qu'un être de bonne santé, parfaitement vivant dans tous ses plans et profils, et, ce qui fait sa suprême valeur, avant tout rempli de la précieuse clarté de cette intelligence même.

Tous les sujets, tous les thèmes, tour à tour l'ont sollicité. Ici de charmantes et fraîches esquisses comme la *Source vive*, où l'on trouve, mais avec un bien plus large sentiment naturaliste, un ressouvenir d'Ingres ; là les *Danses d'Isadora Duncan*, ou les *Eglogues languedociennes*.

Et dans ses dessins, dans ses peintures aussi bien que dans ses sculptures, peut-être ne s'élève-t-il jamais si haut que lorsqu'il se fait l'interprète des plus traditionnelles aspirations spiritualistes. Son admiration pour tout grand effort spirituel devait trouver un aliment splendide au contact rétrospectif de la foi créatrice des cathédrales. Sa vénération pour nos vieux maîtres d'œuvre, sa conviction qu'ils ont atteint les sommets de l'art se sont réunies pour lui inspirer — tandis qu'au début de la guerre, les obus tombaient sur la cathédrale de Reims — une série de sublimes compositions à l'aquarelle : le *Martyre de Reims*.

Comment elles sont sorties de l'improvisation douloureuse et orageuse de Bourdelle, improvisation méditée cependant en une accaparante gestation éclatant tout à coup pour la délivrance de son âme angoissée, voilà qui vaut d'être rapporté, car nulle autre circonstance ne peut mieux éclairer sur la genèse de son travail, sur les conditions habituelles de son élan créateur.

Les cathédrales sont les amies de Bourdelle. Quand arriva de Reims, vers la dernière période de la guerre, la nouvelle de la destruction de celle qu'il aimait alors entre toutes pour le long martyre qu'elle subissait, sa pensée et son cœur, entièrement détournés vers la moribonde, ne furent plus capables d'aucun travail. Ses jours et ses nuits, hantés par elle, n'eurent enfin de repos que lorsqu'il donna forme sur le papier aux images ferventes et noblement vengeresses qu'il lui dédiait. Et alors ce fut une fertilité enthousiaste qui ne s'arrêtait plus. Bourdelle connaissait Reims bien entendu mais, dans ses dessins, aucune copie documentaire ou de conformité photographique ne se trouve. Il y a création selon l'esprit du monde spirituel transmis au cours des âges par la bible de pierre, avec un apport entièrement original et sincère, et qui donne à l'œuvre une incomparable fraîcheur.

La fantaisie de l'artiste ne s'est pas assujettie, comme l'on pense, à une ressemblance humaine vulgaire. Bien au contraire. A Reims la statuaire suit cependant, un peu plus qu'à Chartres par exemple, une certaine conformité charnelle qui fait de la statue la floraison vivante de l'architecture. Il y a beaucoup de ces fleurs-là à Reims, beaucoup d'humanité et pourtant les grands plans sculptés épousent admirablement les plans de l'architecture. Cet esprit, si cher et si naturel à Bourdelle, et qui a été celui du maître d'œuvres médiéval, notre maître moderne l'a mis dans ce poème dessiné et peint d'aujourd'hui. Les lignes des membres, les plis des étoffes, les surfaces dirait-on murales, tout s'accorde pour un caractère grandiose sans se départir d'un modelé émouvant.

Les *Saintes Femmes* rôdent en pleurs autour des ruines ; des *anges* volent, âmes en détresse, autour des murs calcinés. Un ange pleure sous un Christ brisé ; un autre blessé, douloureux, s'enveloppe dans ses ailes avec une résignation altière montant vers le ciel sa véritable patrie. Des squelettes de vitraux saignent.

L'âme de la beauté elle-même est atteinte par les obus incendiaires. Parmi les mutilations impies, les *génies* de Bourdelle lèvent les bras au ciel en signe de détresse et de désolation ; une statue tombe et l'ange embrasse au front la figure blessée, tandis qu'un roi de pierre avec sa crosse reste souverain au milieu des flammes qui montent. La lyre des maîtres d'œuvre est brisée ; son âme s'échappe éplorée d'entre les colonnes souffrantes. Au milieu de cette tempête déchaînée, Notre-Dame de Reims serre contre son sein l'Enfant pour le sauvegarder...

Tels sont quelques-uns des pathétiques tableaux de cette épopée amplement développée en cent petits cartons de fresque qui comptent parmi les plus nobles inspirations de la peinture.

La pureté et l'ingénuité du coloris, la finesse du trait qui participe à la fois de la spiritualité d'une sensibilité vive et délicate et de la solidité d'une raison d'architecte, la composition, la disposition des figures selon un sens ornemental venu d'une source profonde, tout cela semble attendre l'édifice monumental qui serait digne d'une si importante exécution décorative.

Bourdelle a toujours été tenté d'ajouter son commentaire d'imagier aux livres qu'il aimait. Des dessins à l'encre de chine pour la *Cezette* d'Emile Pouvillon datent de ses débuts. Ils sont empreints de la plus vive sensibilité, avec une finesse exquise qui ne laisse guère présager la grandeur austère des statues de plus tard. Déjà, il donne, en poète qu'il est, une âme à la nature, aux paysages, aux intérieurs de l'homme.

Quand beaucoup plus tard Bourdelle eût lu la *Reine de Saba* du Dr J.-C. Mardrus, œuvre extraordinairement riche en beauté spirituelle et plastique, il vécut dans un enivrement sans borne. Il se trouvait transporté dans un monde de lumière nouveau par cette incomparable féerie du Verbe. Pour nous, devant cette évocation venue de loin, devant cette transcription si riche en perspectives infinies, devant ce texte où tant de vertus sont encloses, l'art suprême étant déjà tout entier dedans, toute autre manifestation d'ordre réalisé nous eût paru superfétatoire. Mais, heureusement, le haut artiste véhément qu'est Bourdelle avait son admiration à proclamer dans la forme de son génie. Il ne pût se satisfaire un peu qu'après avoir jeté sur le papier, en une improvisation pleine de fougue, et d'un seul jet, une centaine de dessins peints à l'aquarelle. C'est ce qu'il fit un beau matin de vacances, sur les bords de la Méditerranée provençale, sous un radieux soleil d'été.

Le texte du récit, par son haut style, se relie étroitement aux admirables productions qui font du Dr Mardrus le premier écrivain actuel de langue française. Bourdelle a reconstruit à sa façon ce somptueux déroulement littéraire dont il subissait le prestige.

Sans aucune documentation, en toute liberté, il a composé, d'un dessin souple, nerveux, varié, amusant, mouvementé, lyrique, une nouvelle Reine de Saba tirée tout entière de son imagination. Les couleurs en tons purs, en nuances vives, sont une fête pour les yeux : c'est aussi un étonnant feu d'artifice spirituel ; en maintes pages même, il atteint à cette véritable grandeur dans la fantaisie sans doute inimitable et qui est le propre de son talent ; précieux mélange de naïveté d'âme, d'inaltérable fraîcheur et d'élévation méditée de pensée. Dans l'ordre d'une mystique à développements plastiques, çà et là, il rejoint son modèle.

Les illustrations de la *Légende de St-Julien l'Hospitalier* du grand patron des lettres françaises, Flaubert, parues peu après, ont, sur un mode plus grave, et dans un caractère médiéval, ce même degré de spontanéité et de science mélangées. Mais ici les dessins plus poussés constituent de véritables tableaux.

Le mode d'expression peut-être le plus original de la carrière de Bourdelle est celui qu'il a entrepris pour illustrer le *Démosthène* de Clemenceau. Sans doute même est-il unique non seulement dans l'art de notre époque mais encore dans l'histoire de l'illustration. Pour donner plus de relief à ses figures, en même

temps pour rester plus lié à son élément de sculpteur et d'architecte, Bourdelle a imaginé d'introduire la sculpture dans le livre.
Il a exécuté, au format de l'édition, quinze petits bas-reliefs en
terre cuite, tableaux plastiquement réalisés avec cadre et personnages découpés à jour mélangeant le graphisme de la représentation en surface aux perspectives de la construction dans l'espace. L'excellent graveur Perrichon, partant de photographies de
ces bas-reliefs, les reproduit ensuite en gravures sur bois et en
assure le tirage en deux couleurs : noir et rouge, l'impression
rouge apportant sur l'impression noire le rappel de la terre cuite
et redonnant, dans la chaleur du ton, quelque chose de puissant
et de plein.

. L'extraordinaire facilité de composition de Bourdelle éclate
encore ici ; son esprit toujours de plein pied avec le côté moral,
profond, tragique des situations ne s'arrête guère aux petites
anecdotes d'une existence aussi sublime que celle de l'orateur
athénien. Il vibre, il s'élève, il se met de suite à l'unisson de la
noble image, peut-être plus belle que nature, qu'en retrace
Clemenceau, — car le Français recrée l'Athénien à sa propre
mesure qui est immense ; il dresse à nos yeux, rien qu'en se mettant lui-même debout, la haute stature qui domine les siècles de
ce « rempart de la Patrie. » Et c'est ainsi qu'un des plus pathétiques bas-reliefs nous montre l'armée de Philippe arrêtée, malgré
le formidable attirail de sa force militaire, devant un seul homme,
Démosthène, rempart d'Athènes. Le prestige de la voix humaine
contrebalançant de son seul poids la ruée d'innombrables armées,
voilà ce qu'a traduit l'artiste en une page de poésie que les
moyens plastiques maintiennent par leurs seules ressources au
plus haut niveau lyrique. Nous suivons l'orateur héroïque dans ses
veilles où par un travail opiniâtre, méditant et écrivant, il compose
ses Philippiques à la clarté de la lampe à huile, jetant au mot :
« tes discours sentent l'huile ! » de ses ennemis la riposte de son
âme ; à la tribune publique d'où il lance ses harangues enflammées
tandis que les petits athéniens se le montrent du doigt ; chez la
Pythie dont la néfaste prophétie ne saurait rien diminuer de son
ardeur ; sur le chemin de l'Ambassade dont il est chargé auprès
de l'ennemi et qu'il n'accomplit pas car sa conscience — sous

les traits de la déesse Athéna, personnification de sa ville, qui le tire par le manteau — l'arrête en route, et lui intime l'ordre de retourner; dans son exil où seul, adossé contre la colonne du Temple et droit comme elle, il lève fièrement face au ciel son visage aux yeux dirigés vers les astres mais fermés tandis que le rouleau de ses discours pend dans sa main le long de son corps comme une arme maintenant inutile; jusqu'à sa mort enfin sur les marches du temple où, conscience qui ne pliera pas, il vient de s'empoisonner pour se soustraire à l'ennemi et voici qu'entre les deux colonnes, remplissant toute la hauteur du péristyle, Athéna, sa déesse, la Patronne de toute sa vie, le soutient pour ses destinées éternelles.

Ainsi Bourdelle trace-t-il la ligne d'une existence ardente, passionnément élevée, éperduement vouée à son idéal; il la dit dans sa signification de sublimité comme si nous la lisions dans des chants d'épopée. La magnificence du langage, le rythme souverain, un souffle constamment à la hauteur de celui de son héros mettent le sculpteur-illustrateur à ce rang privilégié où l'artiste déborde son art et devient le prophète du monde. Bourdelle excelle dans les attitudes qui créent une ambiance morale et font revivre les passions et les pensées des hommes et des peuples. Une forte émotion conduit sa main et nous étreint quand il figure pour clôturer cette histoire que l'Histoire renouvelle, d'abord les ingrats concitoyens du grand Démosthène portant des lauriers à sa statue, tremblants, honteux et furtifs dans cet acte de réparation et de repentir; puis l'homme de notre temps, personnification lui aussi de sa patrie en des jours sombres, le faisant descendre au royaume des ombres pour crier à ces Grecs d'autrefois l'indignité de leur ingratitude. Quelques scènes, toujours empruntées au texte qu'il illustre, viennent rompre la monotonie d'une ligne trop droite par des tableaux qui élargissent sa vision: c'est *Hérodote enseignant le peuple* sur les marches du temple en lisant ses *Histoires:* au premier plan, le jeune Thucydide l'écoute avidement, lui qui transmettra plus tard à Démosthène la parole et l'inspiration de son maître; c'est *Aristote instruisant Alexandre*, la gravité philosophique cherchant à pénétrer l'élégante noblesse du jeune élève au pur maintien ; c'est *Alexandre au combat*, en personne, lance à la main, contre le bataillon entier des Thébains qu'il met en déroute...

Tel est Bourdelle illustrateur : il reste dans cet art le metteur en scènes des sentiments nobles et des belles pensées, le manieur d'expressions plastiques pleines de leur vie profonde, le compositeur qui orchestra toutes les parties de symphonie, le maître d'œuvre enfin qui n'oublie jamais d'accorder les colonnes et le fronton pour un temple accompli.

Nul artiste contemporain ne présente cette variété d'expressions, cette exaltation dans les sources profondes de l'être, en même temps cette discipline, cette volonté d'art soumises au rythme de la pensée.

Ainsi, là encore, c'est de Bourdelle qu'il faut apprendre le plan de traduction de toute vie gardant sa qualité humaine transposée dans les matériaux d'art.

CHAPITRE XII

Technique, Art, Tempérament, Enseignement de Bourdelle

> *« Le vent et la tempête sont moins forts que le triangle et le fil à plomb. »*
>
> (A. BOURDELLE.)

Le génie est évident par lui-même : il s'impose et ne se démontre pas. Il prend pour lui le mot de P.-L. Courrier : « La beauté pour se faire aimer n'a besoin que de paraître... » Et aussi celui du vieil Aristote : « Les plus subtils raisonnements du monde n'ont jamais fait trouver le beau à personne. » Mais si le génie est l'émanation directe d'une existence transcendante, si le beau est l'expression lyrique et harmonieuse d'une sensibilité et comme un secret intime chuchoté à notre âme, il faut avoir discerné l'accord d'une chose pour avoir trouvé sa beauté. Qu'on le veuille ou non, dès qu'on s'élève au-dessus de la simple réaction ou du simple plaisir physiologique, l'émotion, l'enthousiasme, la délectation sensuelle ou morale sont accompagnés toujours d'un jugement de valeur, inséparable de la notion de qualité et que nous ne pouvons négliger sans abdiquer de nous-mêmes. Génie, talent, technique sont liés indissolublement dans l'œuvre d'art. On ne peut concevoir les premiers sans le développement parallèle, immédiat et constant de la dernière. Aussi, étudier une technique vraiment personnelle, en suivre les manifestations et les développements n'est pas autre chose que prendre connaissance du talent même de l'écrivain ou de l'artiste et en pénétrer le feu intérieur.

Des procédés de pure forme ne présentant d'autre intérêt que leur mécanisme scientifique révèlent seulement le virtuose sans âme et ne sont pas pour nous arrêter. Mais ne séparons pas le talent et le génie de la technique qui les exprime.

L'art dépend de toutes les dispositions intimes de l'être, mais toutes ces qualités s'annihilent s'il en manque une seule.

Si les vertus naïves sont le fond permanent et le plus sûr du génie, celui-là seul qui leur ajoute la science est vraiment comblé par les dieux ! « Leur raison était à la hauteur de leur génie » disait Delacroix de Mozart, de Molière, de Racine... Leur raison : ce qu'une fée bienfaisante leur avait apporté de plus précieux après l'inspiration elle-même, les moyens et la puissance de réalisation. Que chaque talent élabore sa technique à sa mesure, que chacun crée son style particulier dont il ne saurait pas plus se détacher que notre esprit du corps qui le porte.

Les liens qui unissent l'œuvre et la technique sont un cas particulier de ceux qui relient l'âme au corps, la vie intérieure à son support matériel. Chercher à en pénétrer les conditions, c'est s'aventurer dans le mystère. La science semble reculer les limites de l'inconnaissable; mais, à mesure l'inconnaissable se replie sur lui-même. L'homme sent bien alors toutes les ressources inépuisables des chemins de l'âme et de la voie spirituelle. L'artiste, serviteur de l'inspiration quasi mystique, est un frère du poète et du saint.

C'est pourquoi nous souhaiterions entrer le plus avant possible dans la technique bourdellienne afin de nous approcher davantage de l'Inspiré, du Poète et de ses élans.

Comme les meilleurs artistes des belles époques constructives,

Bourdelle se rattache en quelque manière à ce qu'une terminologie récente a appelé *cubisme*. Mais combien différent de la plupart de nos « cubistes » pour qui le retour à l'élément volumétrique constructif a pris seulement la signification d'un procédé, au point qu'il n'en est résulté que du vide. Généraliser de parti-pris vers la géométrie nue, ne pouvait être que s'éloigner de la vie. L'art qui devient purement intellectuel se dessèche et meurt. Le cubisme est un recommencement par un retour à d'antiques lois retrouvées mais il ne constitue pas une fin. Certes ! il nous a reposé de la « sculpture de confiture », mais il n'a été souvent qu'une ébauche avortée vers un art plus complet.

Bourdelle s'écarte absolument de ces fabricateurs de formules creuses, mais plus encore de leurs antagonistes immédiats qui prétendent tout régénérer par la liberté de tout dire sans avoir rien appris ; « enfants prodiges » qui proclament les droits sacrés d'une soi-disant « ingénuité », hélas ! plus ou moins frelatée, autorisant toutes les audaces mais ne quittant guère les bas-fonds. Chacun prétend à la « vérité d'interprétation » sans s'inquiéter du niveau spirituel de la pensée ou du sentiment plastique ; pauvre « vérité » de myopes enfermés dans de petits horizons et qui, ne soupçonnant pas les cimes, ignorent toute hauteur de vue avec une tranquille assurance.

Il a résulté de ces manières de voir qu'un étroit matérialisme est devenu la règle de l'art comme il était celle des consciences. Les valeurs spirituelles ont disparu au profit de n'importe quelle vulgarité individuelle pourvu qu'elle ait eu l'effronterie de s'exprimer au hasard de l'inhabileté.

De ces tendances poussées à l'extrême est né notre art anarchique, réaliste jusque dans la fantaisie, brutal jusque dans ses prétentions symboliques et dont l'ignorance des divins secrets est la principale faiblesse.

Bourdelle est l'opposant, le révolutionnaire militant de ces déplorables déformations. Avec lui les lois fondamentales reprennent leurs droits. Grâce à ses savoirs venus des origines mêmes du savoir, aux sciences retrouvées par son esprit naturellement adéquat aux profondes initiations, il s'est haussé au rang de maîtrearchitecte, il est monté par degré jusqu'à l'Atelier Supérieur. Il a forcé les arcanes du Temple. Il a dérobé à ses devanciers, dans leurs œuvres, les clés mystérieuses et voilées qui y sont toujours présentes.

Si la technique d'un art comporte une partie banale commune à tous ceux qui le pratiquent, il est en elle des domaines plus ardus où s'aventurent seulement les élus qui ont assez de pénétration appliquée, de subtilité et de flamme intérieure pour y trouver leur bien; merveilleuses hespérides que le conquérant ne peut découvrir que par lui-même sur la route montante du talent et dans l'envol du génie.

Encore Bourdelle dénie-t-il au génie statuaire le droit d'une inspiration subite qui trouve immédiatement dans le marbre la perfection de sa forme. Du cerveau de Jupiter sortait tout armée, et d'un seul coup, la divine Pallas. Mais l'œuvre humaine s'élabore avec plus de patience, — cette « longue patience » un peu abusivement peut-être identifiée au génie.

« La Sculpture, dit Bourdelle, est le seul art où il soit interdit d'avoir tout de suite du génie. Elle exige, avant toute tentative de création viable, l'étude consciencieuse de la nature. Il n'y a pas, il ne peut y avoir de sculpture impressionniste ayant haute valeur : improviser en sculpture est une preuve d'absolue ignorance au regard des voyants. »

Si complexe en connaissances de tout ordre, la sculpture est aussi l'art le plus ouvrier. Cette pesanteur de la matière et cette attache manuelle risque de river au sol l'aile trop débile pour les grands vols. Quand elle ne s'élève pas au-dessus de la matérialité vulgaire, la statuaire est même pour le spectateur le plus gênant de tous les arts. Quelle obsession ce physique de l'individu dans ce qu'il a de plus lourd, de plus épais, de plus grossier, de plus éphémère si c'est seulement une gangue vide d'âme et vide d'esprit que l'outil impose au marbre si beau de la carrière !

Le chant, la parole seuls sont ailés, — le chant, c'est-à-dire l'âme; la parole, le verbe, c'est-à-dire l'esprit. Que l'esprit s'éternise donc dans la matière, en la soumettant à son rythme : pour la dompter, lui obéir d'abord, en pénétrer le langage et faire sienne la partie qu'elle joue pour son propre compte dans la musique mathématicienne de l'univers. Ainsi, possesseur du secret des techniques, l'artiste conquiert sa liberté et fait chanter la pierre et le bronze à son gré.

Tel est l'art médité, savant et volontaire de Bourdelle.

Volontaire ! Avec quelle ténacité il en a poursuivi la conquête durant toute sa vie, faisant sienne la parole d'Anatole France : « Le génie conçoit, la volonté seule exécute. »

Oui ! Bourdelle est un volontaire infatigable. C'est encore une de ses caractéristiques de premier plan. Il a compris, dès ses débuts, que les dons les plus admirables, que l'inspiration la plus élevée ne se concrétiseraient jamais dans une œuvre sans un labeur opiniâtre. La volonté d'exécution apporte lentement au génie qui conçoit, les connaissances d'art les plus subtiles ; c'est avec le temps que celles-ci finissent par accourir pour créer en collaboration secrète.

Rodin disait : « Des hommes de talent il y en a, ce sont les caractères qui manquent. » Et Bourdelle ajoute : « La persévérance, voyez-vous, c'est l'épine dorsale du talent ! » Grave parole de lutteur et de conquérant qui a connu d'avance, pour mieux bander ses forces, le formidable labeur de tout un monde à soulever !

Le travail, pour lui, est une cellule de moine où il s'enferme pour chercher.

Dans une époque comme la nôtre, vide de traditions librement conservées en dehors de celles, surannées, de l'art officiel, où nul atelier n'est un foyer d'active transmission de méthodes artisanes en même temps que de conceptions esthétiques grandies au cours des âges, où Bourdelle a-t-il puisé ses techniques ?

Il est significatif de rappeler que ses premiers moyens ont précisément une origine purement artisane ; il les a conquis, comme nous l'avons dit, dans l'atelier de son père. C'est là qu'il a subi aussi la lente imprégnation de son pays à traditions plusieurs fois millénaires ; il a écouté la leçon de sa nature âpre et sévère, de ses édifices, de sa statuaire, témoignages des siècles passés et qui portaient au jeune sculpteur leurs lois d'art. Son œil attentif et son esprit ouvert par initiation de naissance arrivait toujours à les y découvrir.

Et ces lois étaient celles qui, au travers de la Grèce, de Rome à Byzance, s'étaient infiltrées de civilisations à civilisations venant d'un très lointain Orient. L'art roman avec sa solidité, sa probité — et en même temps cette variété si étonnante qu'à ce point de vue là aucune autre période de l'art constructif ne peut lui être comparé, — l'art roman de ses ancêtres parlait à Bourdelle un langage de terroir d'une pénétration, d'une saveur et d'une force parfaitement adapté à son esprit et à son cœur. C'est par les mille voix familières de son enfance ou de son adolescence que le subtil et pénétrant enseignement se faisait. Bien plus tard sont venues les études réelles dans les musées, dans les cathédrales ou dans les cloîtres. Moissac, qu'il a connu assez tard, par dessus tout, le transportait d'admiration et a laissé dans son esprit une empreinte ineffaçable. A mesure que son champ de connaissance s'est agrandi, il a accueilli les leçons de plus grands maîtres encore, de ceux qui ont donné l'expression la plus élevée à la pensée humaine en réalisant l'image la plus pure de la plastique vivante : les anciens Egyptiens. Ceux-là lui ont apporté les solutions techniques les plus difficiles pour la plus haute perfection, lui ont fait comprendre plus profondément la puissance architectonique de la masse, l'ont initié aux synthèses qui, touchant à l'essence même, atteignent la suprême qualité de la simplicité. Chez les Grecs archaïques ensuite il s'est confirmé dans ses lois. Il les a retrouvé enfin chez les Gothiques de Chartres et de Reims et pour lui maintenant, il en est sûr, la sculpture n'est pas une fantaisie arbitraire. Elle est en quelque sorte, comme sont l'arbre, la plante, l'animal, la résultante des forces matérielles et surtout de forces spirituelles multiples, un reflet des lois de l'Univers... Elle est une interprétation, une explication du monde, mieux, un acte de foi, et plus encore le moyen d'entrer en communication avec les puissances inconnues.

Et c'est pourquoi nous voyons Bourdelle donner toute sa passion à ceux de ses devanciers qui ont eu de telles lumières, Egyptiens, Assyriens, Grecs archaïques, Byzantins... pour qui la sculpture n'était pas seulement une imitation vaine, mais plutôt comme le parfum spirituel des formes de l'univers recréé.

Au regard de l'Egyptien, la statue du Pharaon ou du dieu était le support terrestre de son âme divine ; pour le Grec de Byzance, la sculpture comme la peinture nous conduisaient dans le domaine des pures idées platoniciennes, seule véritable réalité. Enfin, les *Miroirs* sculptés aux flancs des cathédrales gothiques par des artistes pleins de ferveur, bien que sous la direction de froids théologiens, étaient une histoire religieuse du monde et de la destinée de l'homme.

C'est à cette grande lignée que se rattache Bourdelle pour lequel l'art est non pas un passe-temps ou un métier, mais une foi.

Sa piété est exclusivement vouée à une esthétique supérieure. Si l'artiste contemporain est dégagé dans ses travaux de tous soucis confessionnels, n'y a-t-il pas une plus haute spiritualité encore dans l'art, religion du beau, seule réalité digne de nos efforts ? Ce qui donne à ce désintéressement hautain une qualité exceptionnelle, c'est qu'il répudie toute sécheresse seulement cérébrale, toute intellectualité séparée de la vie. Bourdelle reste si humain et si proche de la nature qu'il est bien le frère de l'humble imagier anonyme du Moyen Age dont la verve se donnait libre cours dans un sens pittoresque et vivant avec cette liberté qu'ont très bien comprise Victor Hugo et les romantiques.

L'œuvre d'art véritable s'épanouit comme une prière ; elle sort d'une sublime méditation, d'un élan soutenu de religiosité pure. C'est une conscience élevée de soi-même qui donne son propre chant, une sorte d'absolu angélique dans sa toute-puissance simple.

On ne peut faire mieux comprendre l'aspect essentiel des œuvres de Bourdelle, la foi si vive et si pure dont il est possédé, qu'en citant un fragment de cette sorte de rhapsodie que dans ses enseignements, il consacre à l'ouvrier créateur :

« Le maître d'œuvre ou créateur transpose en prêtant la pensée au marbre et le marbre au tourment humain.

Le créateur tient, mêlés dans sa main, synthèse et analyse, mais actives en même temps ; ainsi il fonde l'unité.

L'art, c'est l'homme liant la matière à l'esprit.

Mais il y a bien plus.

L'art, c'est tout l'univers recréé dans un homme.

L'artiste doit avoir la sensation du tout. Nous ne refaisons rien de ce qui nous est étranger. Nous ne pouvons créer le visage d'un autre.

Tout ce que nous créons est notre visage *éclairé*.

Pour prendre un visage et le voir, et le synthétiser il y faut le regard des mages, *car il faut découvrir le visage voilé* : tout portrait sans cela n'est que triste cadavre.

Il a fallu tous les pouvoirs avec les sciences et le regard sur l'au-delà de Léonard pour éterniser tous nos jours du sourire de la Joconde.

L'art c'est de connaître le point, le point central, esprit-matière unis, le point d'où montent les quadriges... »

Un point central : Voici la grande découverte de Bourdelle.

Or, nous pénétrons ici dans la pure technique. Elle est celle de tout vrai créateur d'art et de pensée.

Nous songeons tout à coup à l'analyse du travail de la pensée conçue par Edgar Poë pour la composition littéraire. Sans doute est-elle valable pour tous les arts, car, c'est à l'instar de l'architecte, que le poète construit. Pour Poë, le premier vers est une première pierre, assise du poème entier. Mais, pour si impressionnant qu'il soit au regard du lecteur, ce n'est pas toujours lui qui s'est d'abord établi dans la pensée de l'écrivain. Bien au contraire ! Dans maints poèmes, il nous faudra le découvrir dans la strophe dernière, après avoir avancé par degré, d'initiations en initiations, jusqu'au sanctuaire de l'idée. Ce n'est pas sur le fronton de la façade, ni sur le seuil du temple qu'est l'habitacle de la divinité intérieure.

Si Edgar Poë exige que chaque strophe de son poème respire au rythme de l'ensemble et se colore à son reflet, c'est à la fin, en une strophe suprême, et cependant née avant toutes les autres, qu'il place le véritable *centre* de sa composition, celui qui l'ordonne dans son unité, son universalité et qui est l'âme de sa poésie.

En constructeur-architecte qui doit affronter la matière, Bourdelle a lui aussi son centre d'âme et son centre d'esprit : c'est au centre géométrique de l'œuvre qu'il la place. De là, il organise le tout. Sur cet appui, il fixe une pointe du compas idéal par lequel il mesure les mille dimensions des plans et des surfaces, tandis que, de l'autre pointe, il dessine dans l'espace et fait sortir de la matière le frémissement des modelés et l'ordonnance des masses.

« — Voici un arbre, disait un jour Bourdelle, où vous placeriez-vous pour le dessiner ? » On se souvient du mot de Corot : « Pour dessiner un paysage, tout dépend de la manière de placer sa chaise », et l'on cherche autour de l'arbre le meilleur point de vue que l'on puisse avoir... Mais Bourdelle, souriant avec un brin de malice : « Eh bien ! moi, je vais me mettre en son milieu !... » Au centre de la circonférence, dans la sève de l'arbre ! C'est de là qu'il aperçoit toutes les directions. Voilà son repère d'où partent cent rayons qu'il envoie vers la surface extérieure de l'arbre : les points de rencontre sont les points de son dessin. Ainsi, seront-ils bien à leur place les uns par rapport aux autres, soyez-en sûr, puisqu'ils sont à leur place en partant de leur centre commun... Mais voilà, le tout est de savoir se mettre en ce centre-là !

Un système de référence de mathématicien adapté à l'extrême mobilité de la vie : c'est en somme ce qu'a découvert Bourdelle. Et, plus heureux que l'astronome, il s'est assuré un poste d'observation fixe qui peut être considéré, tant que dure son travail, comme l'absolu.

Ainsi, par une technique identique, il existe, pour le poète et pour le sculpteur, un lieu privilégié où se pose l'esprit. L'âme de l'œuvre y a son siège et c'est de là qu'elle dirige les mécanismes innombrables qui entretiennent la vie.

C'est pourquoi Bourdelle répète sans cesse : ce n'est pas du dehors qu'il faut modeler, mais du dedans ; construire d'abord la charpente de l'édifice, puis le vêtement de chair qui ne prend de valeur qu'éclairé par l'esprit. Logique constructive qui procède du centre animateur à la surface animée et qu'il appelait la *loi d'intériorité*.

Les mesures par les règles et les compas, les principes appris pour dessiner ou pour sculpter, le maniement du fil à plomb ou de l'équerre, tout l'attirail ouvrier enfin, que peut-il donner entre les mains de qui n'a pas d'abord trouvé son point d'appui, centre de tout son travail où reposer son esprit ? Songeons que l'armature qui soutient l'argile des statues se nomme aussi : l'âme ; appellation symbolique que trop d'artistes n'ont jamais aperçue.

Toute forme est esprit : la matière, c'est le bloc informe, apte à toutes les formes, et qui attend l'esprit. La matière est la même pour tous, mais la forme est particulière à chacun. L'artiste est là pour utiliser la matière, pour y découper ses images et la transformer en signes de pensée, en symboles de langage.

Toute forme est essence d'objet.

Les dimensions mesurables au compas d'ouvrier sont trois : mais celles mesurables avec le compas de l'esprit sont innombrables. L'esprit seul analyse les formes devant lesquelles il médite ; il en pénètre les secrets par l'étude serrée et méthodique, mais éclairée de ce sens visionnaire qui est un don de naissance essentiel ; puis il s'élève, selon son génie, d'un coup, à la création par la synthèse qui fait jaillir la vie.

Tels sont les chemins immenses tout frémissants de nature où s'est complu Bourdelle.

Pas de virtuosité de surface, de coups de pouce désordonnés ! Mais la profondeur de la vie intérieure qui est aussi nécessaire et puissante dans les organismes nés de l'art que dans les corps vivants.

Emule de la nature si difficile à égaler et dont les lois d'équilibre et d'harmonie ne sont jamais en défaut, Bourdelle a compris qu'il lui fallait mener de front deux grandes nécessités générales sans jamais faillir à cette obligation : d'abord, subordonner chaque partie au tout, car la sculpture digne de ce nom est toujours traitée en sens d'architecture ; et cela est fort rare ; l'art du tape-à-l'œil domine ; le fond qui se voile en sa plénitude est plus qu'exceptionnel. Deux savoirs s'aident et se complètent quand il s'agit de ne rien truquer ; celui de sculpter et celui de bâtir comme pierre sur pierre. Sculpter, de même que bâtir, c'est harmoniser des blocs entre eux.

Comme les pierres de taille d'un monument s'étagent en

assises étayées sur la base solide du roc terrestre, les masses logiques reposant sur les masses justement calculées sont le support inébranlable de l'humanité mouvante recréée par l'artiste dans sa force vive et sa chaude palpitation. Le modelé de surface vient ensuite en toute certitude compléter le visage de vérité comme un reflet de l'être tout entier. L'ensemble, qui se dégage de ses profondeurs mathématiques est un total juste de nombres. Il forme un résumé complet de l'univers, tant l'accord est accompli entre ses parties constitutives et l'équilibre du tout. Par l'observance d'une telle discipline, chez Bourdelle, le sculpteur rejoint l'architecte, ou, pour mieux dire, ne se sépare jamais de lui.

La seconde nécessité que sa merveilleuse clairvoyance a su s'imposer est de traiter chaque sculpture, ou chaque partie de sculpture, de telle façon qu'elle se suffise à elle-même, comme un os détaché d'une colonne vertébrale par exemple a sa personnelle beauté. Chaque organe doit être conçu comme un petit univers fermé, et formant cercle sur lui-même, en même temps qu'image de la sphère totale des astres.

« Ce qui me frappe, disait à Bourdelle le philosophe Bergson après avoir longuement contemplé dans l'atelier du maître une de ses principales œuvres, c'est que chaque partie semble contenir le tout. » — « Je ne sais pas si j'y suis parvenu, répondit Bourdelle, mais vous avez dit ce que je cherche. » Cet éloge fit grand plaisir à Bourdelle. Cette impression que ressentait l'auteur de l'*Evolution Créatrice*, c'était bien celle-là même que tous les efforts, toutes les études de Bourdelle, tous les durs combats qu'il avait menés pour le triomphe de ses conceptions artistiques tendaient à créer.

Une tête de la colonne Trajane a été parfaitement conçue pour la colonne entière; dans un fragment qu'on retrouve l'œil initié aperçoit aussitôt tous ceux qui nous manquent.

Que l'on se promène sur un rivage chaotique de la côte bretonne. On y verra une profusion de blocs rocheux gigantesques, de formes grandioses, de masses aux architectures titaniques où la beauté des granits s'accorde au poli des surfaces que jadis l'océan a lentement modelé. Mais le chaos n'est qu'apparent. Tout s'y ordonne merveilleusement parce que les lois de la nature sont intangibles. Tandis que quelques constructions humaines ridicules, œuvres d'architectes obtus, y sont manifestement des intruses qu'il en faudrait chasser, la moindre pierre façonnée par la mer ou le vent y vit au contraire dans l'harmonie du lieu.

Telle est la nature : un caillou la contient tout entière.

Enseignement définitif qui porte à l'architecte, au statuaire comme au peintre, la loi suprême de l'artiste. Bourdelle a toujours cherché à la faire sienne : donner une vision totale de l'univers dans la moindre chose qu'on crée.

Le trait peut-être le plus frappant de la conception artistique de Bourdelle, de l'idée singulièrement complexe et riche qu'il se fait de l'art, de son art, la sculpture en particulier, c'est, semble-t-il l'*universalisation*.

A cette vision générale de l'univers se rattache directement la *loi de l'ensemble* qui, comme nous l'avons montré, dirige toujours Bourdelle dans ses constructions ; pour être sculpturale, sur le plan le plus élevé, la moindre de ses constructions se fait toujours architecturale allant de l'intime au général ; par là, elle rejoint les lignes cosmiques qui touchent à l'infini.

Là encore, l'esprit doit trouver son centre où se poser. Où réside le génie du lieu ? Et quand ce lieu s'étend à l'univers, où réside le génie de l'univers ? Sans doute c'est par une connaissance qui échappe à notre analyse qu'un Bourdelle semble usurper, pendant qu'il crée son œuvre, la place qu'occupe de toute éternité « l'architecte de l'univers ».

« Vous voulez savoir ce qu'est l'infini ? dit-il un jour à quelques-uns de ses élèves. Eh bien ! l'infini c'est la sculpture. »

Noble conception qui peut s'appliquer à tous les arts, qui doit être celle de tout véritable artiste, et qui n'a jamais abandonné Bourdelle dans le choix et dans l'établissement de ses techniques.

Ainsi, Bourdelle est un initié de l'ésotérisme du Nombre. Il connaît l'Unité ; il sait que l'Univers est une variété dans l'Unité et que l'œuvre est un reflet total de l'Univers. Le Nombre seul peut produire l'harmonie. L'œuvre est un ensemble de chiffres dont le total est le Nombre. La loi du Nombre régit le rythme et le rythme est la vie même.

Quand Bourdelle conçoit l'œuvre comme un total de nombres,

il pénètre, autant par intuition que par raisonnement, dans l'essence même du beau. Ces nombres expriment des proportions; ils sont fractionnaires et leur total est l'unité. Le beau est en effet l'*unité*, suprême harmonie. En cela, il est l'absolu. De cet absolu, comme limite, s'approchent plus ou moins les artisans et les devins de l'art, magiciens calculateurs qui créent des formes selon une infinité·de combinaisons de nombres. Les formes du beau sont donc innombrables. La perfection git dans l'unité que nul n'atteint absolument.

Une tête, un corps entier, un groupe, ...sont un *total* fixe de bonnes proportions chiffrables qui, par leurs rapports justes, assurent l'équilibre. Mais il est une variété considérable d'additions qui ont le même total. L'important, pour la perfection, pour la beauté, pour la vérité, c'est le total; pour le style, pour la vision particulière, pour le canon personnel, c'est la variété spéciale qui conduit à ce total.

Ainsi, un respect du total obtenu par des voies différentes permettra « quelque étrangeté dans les proportions » selon la condition expresse requise par Ed. Poë pour l'œuvre d'art !

« Si notre travail ne sort pas bien, dit un jour l'auteur de l'Alvéar, ce sont des plans qui sont inquiets. La sculpture est faite de *sentiments qui inquiètent les nombres*. »

Régir et satisfaire les nombres, c'est le secret de la technique. Mais le mouvement de la vie, le jeu des activités sont dans l'ordre des « sentiments qui inquiètent les nombres. » Ils sont le Verbe, enfant de la pensée, le Chant, exhalaison de l'âme, maître d'harmonie, avides de s'éterniser dans la matière.

Si le but de l'art était une technique une, invariable et parfaite, il y a longtemps que ce but serait atteint; la statuaire par exemple aurait dû s'en tenir à la première œuvre parfaite produite. Et alors rien de nouveau n'aurait été recherché depuis tant de siècles qu'il y a d'excellents ouvriers. Mais s'il est vrai qu'un grand artiste ne peut pas se passer d'être un technicien consommé, il n'y a qu'un seule chose qui sera toujours nouvelle, c'est le génie personnel. Le génie est toujours nouveau; contrairement à la parole de la Bruyère, tout est à dire pour lui, mais il lui faut forger lui-même ses moyens et créer sa propre langue.

Bourdelle édifie au jour le jour son propre canon de beauté ; il trace la large épure de son style suivant son tempérament personnel et, ce faisant, il n'écoute que lui. Il puise ses éléments techniques partout où il les rencontre et c'est déjà un don de premier ordre que de savoir discerner le bon et le mauvais et de pouvoir prendre son bien où on le trouve !

Comme le mathématicien inscrit sur le plan d'une feuille de papier la courbe d'un phénomène à l'aide d'un système fixe qui suppose un point de départ préétabli, ainsi le modeleur de surface vivante incorpore dans son jeu une sorte de mathématique liée à un système de relations qui réalise ce prodige d'être fixe et mouvant à la fois : il lui faut joindre la mobilité de la vie à l'immobilité de l'art. Extraordinaire tension de l'esprit ! Etrange savoir qui participe d'un système tour à tour dévoilé et caché !

Si la loi de l'ensemble assure l'accord de l'œuvre à la rythmique universelle, la *loi d'intimité* régit la vie élémentaire, celle des chairs palpitantes dans leurs moindres tressaillements et par qui les figures de pierre ou de bronze ne sont pas de vaines abstractions géométriques.

La loi de l'ensemble toute nue pourrait être celle de l'ingénieur : unie à la *loi de l'intimité*, elle s'avère celle du créateur d'art. La mobilité de la vie sort d'un travail d'analyste poursuivi de proche en proche avec autant de ferveur que de science ; des moindres saillies aux plus petites dépressions, la nature veut être suivie dans l'infinité de ses détails.

C'est en conservant toute cette richesse que le suprême talent sera d'arriver aux belles simplifications et de réaliser dans des vivantes synthèses la pérennité de l'œuvre d'art.

Telles sont donc quelques-unes des principales techniques, — car le génie a toujours ses secrets — du sculpteur-architecte Bourdelle.

On voit qu'elles sont à base d'observation méthodique, vigilantes et sages servantes de l'intuition divinatrice.

Quelques conseils tombés des lèvres du Maître, confrontation

de sa pensée parlée et de sa pensée sculptée, permettent d'avoir
une juste idée de cet esprit d'observation :

« Je ne m'imite jamais moi-même, déclare Bourdelle. C'est à
la nature vraie que je demande conseil. Dans mon atelier on ne
pose pas le modèle ; toute attitude arrêtée est nécessairement
contrainte et froide ; elle est la négation de la vie. L'on travaille
d'après le mouvement réel, on étudie la vérité et on réalise selon
les esquisses et les ébauches. Il faut d'abord être vrai. Si rapide
qu'elle soit, toute étude véridique est attachante et peut apporter
sa vision. »

« Si vous voulez arriver à la traduction des formes, ajoute-t-il,
étudiez votre modèle ; suivez-le le plus proche possible ; analysez-
en le dessin. »

Et de fait, dans ses croquis, Bourdelle suit d'abord exactement
les contours puis amplifie et accentue. Il exécute de nombreux
dessins dont il se sert ensuite pour établir les esquisses ; ce n'est
que peu à peu qu'il finit par donner le caractère qu'il désire.
Enfin, d'après le modèle, il achève sa sculpture, en en précisant
les contours essentiels.

« Je vous demande, dit-il à ses élèves, de pénétrer, de reconstruire et de rester naïfs. » Il veut qu'on marche avec sa raison
tout en gardant son instinct spontané.

Bourdelle est tout le contraire de ces sculpteurs improvisés
dont une illumination soudaine aurait fait, sans études, des
génies. Et c'est pourquoi, après l'avoir beaucoup pratiquée,
il a délaissé la sculpture en taille directe comme présomptueuse
et irrévérencieuse à l'égard de la pierre qui, dit-il, mérite plus
de respect. Ni Phidias, ni Michel-Ange, ni les maîtres d'œuvre
de nos cathédrales ne se servaient d'elle, du moins pour leurs
plus hautes œuvres.

Reconstruire, tel est pour Bourdelle le mot qui résume toute
sa conception d'art. Reconstruire pour faire plus vrai qu'une
copie exacte et réaliste du modèle. Car la vérité tient au fond et
ce ne sont pas des verrues de surface qui suffisent à la révéler.

Reconstruire dans des matériaux de durée ! Donner à la pierre,
au marbre, au bronze... la redoutable charge de rendre présents
dans les âges futurs les êtres fragiles et transitoires que nous

avons été ; et pour cela, représenter mieux que nos masques de chair, les personnes morales qui nous habitent.

Difficile labeur qui ne peut aller sans la connaissance de cette pierre, de ce marbre, de ce bronze... qu'avant tout il ne faut pas violenter.

Apprendre le langage propre à chaque matière, traduire dans l'accent, le caractère et la nature du support employé : suprême souci du statuaire dont Bourdelle est toujours sorti triomphant avec une étonnante maîtrise.

Il avait compris que la matière doit collaborer avec l'œuvre d'art pour cette qualité d'éternité dont celle-ci dispose et qui est sa seule raison d'être.

Sans doute, à ce rapide contact avec le technicien, mesurerons-nous mieux de quelle envergure fut Bourdelle. Mais rien ne le rendra plus vivant dans nos pensées et dans nos cœurs que son inépuisable lyrisme. Ses constructions et ses sculptures sont des poèmes matérialisés. Une lyre intérieure accompagnait sans cesse sa faculté créatrice qui s'objectivait en images. Il maniait la glaise ou le maillet comme un poète manie sa plume. Il transcrivait, dans son langage à lui, des odes, des cantates, des dithyrambes et des hymnes... Souvent il embouchait la trompette épique et il en tirait d'éclatantes fanfares. S'il chantait sur le mode bucolique, son ivresse dyonisiaque et paysanne s'en donnait à cœur joie.

C'était un romantique bouillonnant, généreux et prolifique, frère des Lamennais, des Michelet, des Hugo, des Schelley...

Ah ! ce n'est pas lui qui aurait jamais considéré ses techniques dont, à juste titre, il était si fier, comme une fin en soi.

Les époques de décadence seules ont poursuivi l'illusoire beauté de la forme pour elle-même. Et alors elles ont établi des canons, immuables, croyaient-elles. Elles érigeaient de fastueuses façades derrière lesquelles il n'était plus la moindre vibration. Des canons : sorte de logique purement formelle, de mathématique sans vie, de rhétorique creuse, de squelette sans âme... Parfois, quelque style prestigieux, comme fixé dans l'absolu, a dominé pendant

de longues époques, mais alors il était habité par un dieu. Hiératique et impératif, il se dressait tant que de fervents ouvriers pouvaient l'ajuster à leur taille. Mais l'art n'a jamais été plus bas que
lorsque le souci exclusif de la forme a fait oublier la grandeur
de l'idée. La grâce mouvante des êtres, la toute-puissance des
aspects plastiques, leurs frémissements voluptueux eux-mêmes,
ont toujours pris leur valeur de la qualité d'âme et du lyrisme
intérieur. Les soi-disants impassibles qui s'écriaient : « Est-elle
en marbre ou non la Vénus de Milo ? » ont, quand ils se sont
épanouis, révélé, comme Verlaine, à l'encontre de leur déclaration, un tempérament lyrique de premier ordre.

L'émotion est la fleur cachée qui apporte mystérieusement son
véritable sens à la beauté.

Le plus haut objet de l'art est la vérité totale et profonde, qui
a sa double racine dans le feu de l'esprit et dans la fraîcheur de
l'instinct ; sous l'apparence extérieure de tous les êtres, plante,
arbre, rocher, animal, homme, cette vérité prend son mot d'ordre
de la puissance interne qui, de quelque nom qu'on l'appelle,
esprit, âme, force, matière même, est uniquement spirituelle.

Sublime enseignement qui se dégage plus encore des bronzes
et des marbres de Bourdelle que de sa parole répandue çà et là
dans des leçons ou des écrits.

Pour l'artiste au travail, comprendre c'est créer. L'art atteint
ses plus hautes destinées par ce jaillissement intérieur, par ses
bonds inattendus du lyrisme, par cet essor sans cesse inassouvi,
qui se manifestent si puissamment chez les grands hommes.
L'exaltation est sa grâce efficace et par elle se répand la vie,
sous le signe de la loi d'harmonie.

On a dit de Rodin qu'« il avait du génie tout le temps. »

De même, Bourdelle était sans cesse un inspiré. C'est là ce
qui a fait sa qualité profonde, celle qui donne à l'œuvre cet
enivrant parfum intime, ce quelque chose qui ne peut guère
s'expliquer et qui reste l'essentiel.

De tant d'éléments divers de la formation et de l'inspiration
de Bourdelle ; de sa faculté de méditation ; de son esprit grave

empreint de philosophie, de métaphysique et de religiosité; de sa nature sensible, intuitive, pleine de résonances extrêmes; de son exquise et saine sensualité paysanne; de ses acquisitions enfin si opiniâtrement poursuivies; de tout cela est né un Style extraordinairement puissant, peut-être le plus original que nous ayons connu depuis longtemps.

Ce style viril, plein de noblesse et de perpétuel redressement traduit les aspirations tumultueuses, bien que maîtrisées, d'un génie cosmique qui n'a de vraie correspondance que dans les éléments. La beauté pour Bourdelle est austère et grandiose.

L'évolution de son génie l'entraine vers une conception de plus en plus vaste, vers des synthèses de plus en plus puissantes, vers des stylisations de plus en plus hardies, vers un art de plus en plus dépouillé.

Profondément religieux, cet art a pu paraître archaïque car le vieil esprit sculptural, mort depuis longtemps, revit en lui. Il est celui de toutes les civilisations où l'élévation de la pensée, apanage de la seule élite agissante, est inséparable de la moindre création.

Bourdelle n'est ni archaïque, ni archaïsant; il est sculpteur-architecte tout simplement. Il est le Maître d'Œuvre qui se rattache aux plus anciennes et aux plus hautes traditions parce qu'il en a retrouvé les lois perdues.

Pour les mêmes raisons, son art est un art français par excellence. Analyse et ordre unis sont de France.

Tout l'apparente directement au style des imagiers romans de notre terroir; style en majeure partie autochtone, bien de chez nous, tirant cependant sa solidité massive de la leçon de Rome et sa spiritualité vivifiante de la leçon des Byzantins.

Ainsi, Bourdelle replace l'art français dans sa véritable tradition. Il lui redonne une vie perdue depuis si longtemps, — depuis l'intrusion italienne de la Renaissance, qui a produit des chefs-d'œuvre sans doute, mais qui avait fait perdre à nos artistes le sens de l'équilibre constructif, de la pureté et de l'unité architectonique.

Le romantique Bourdelle est donc avant tout un classique.

Classique par la clarté, la sérénité, le calme, le balancement bien mesuré de ses figures.

Art statique peut-on dire et pourtant d'un beau et large mouvement. Pas de gesticulation, de tumulte, d'agitations intempestives. Ses images n'ont rien d'une humanité fiévreuse et trépidante, rien de notre époque de vitesse forcenée... Elles participent à la tranquille et solide vérité de l'âme humaine dans son rythme éternel, dans le frémissement durable de passions qui font partie de sa trame. Elles ignorent le fugitif, le mobile et le transitoire, l'anecdote passagère ou négligeable par sa fragile actualité.

Bourdelle touche au fond humain qui demeure : celui dont l'incommensurable mouvement nous vient du fond des âges et nous perpétuera.

Le mouvement de sa statuaire n'est pas fait de saccades, ni de gestes surpris en un déséquilibre d'action que la seconde qui suit va rectifier. C'est la danse immobile des cent profils qui s'appellent, s'épousent et se fondent en une tonicité sans défaillance. C'est le chant qui sort des profondeurs pathétiques où siège l'intelligence des formes, et qui se fixe en sa toute puissance dans le calme divin de la pierre.

Tel est l'art statique de Bourdelle, synthèse souveraine de vie.

Vers la fin de son existence, Bourdelle évoluait de plus en plus vers l'Ordre architectural. Témoin le *Temple d'Héraklès*, construit par lui pour la ville de Toulouse, en l'honneur du Sport. L'élite de la capitale languedocienne rêvait de célébrer les jeux olympiques modernes à l'égal de la Poésie et des Arts plastiques. Bourdelle choisit pour ce rôle son *Héraklès archer;* il lui bâtit, comme habitacle, un monument tout en colonnes surmontées d'un entablement rectangulaire, sans ornements, et tirant toute sa beauté de la majesté des lignes simples, proportionnées par cette miraculeuse règle d'or qu'il portait en lui.

Il rêvait aussi de doter sa ville natale d'un Monument aux Morts de la dernière guerre : là encore l'élément architectural domine.

Le gouvernement de l'Uruguay l'avait chargé d'un ouvrage commémoratif pour l'un de ses plus illustres enfants, le docteur Socca. Il en avait élaboré les plans et établi la maquette. Une belle colonne au chapiteau en lotus s'ornait de deux nobles statues représentant l'éloquence d'un côté, le génie médical de l'autre, abstractions où excellait Bourdelle en sachant leur donner un support admirablement vivant.

Enfin les dernières recherches qu'il a poursuivi dans ses ateliers s'orientaient vers la polychromie dans la statuaire. La couleur, il l'enseignait depuis longtemps, n'était pas pour lui un complément, mais un élément même de la sculpture. Il la conduisait d'une façon large et générale mais non d'après nature. Il a eu le temps de réaliser dans ce domaine quelques chefs-d'œuvre qui seront la gloire de nos musées. Il ne s'agissait pas de bustes coloriés après coup, mais exécutés en vue de la couleur avec une technique nettement appropriée.

Bourdelle, après de longues recherches, avait imaginé une matière parfaitement adaptée à la polychromie.

Le *Buste d'une jeune Chilienne* a été réalisé par ces procédés : masque douloureux, d'une beauté humaine et divine, poignante, et tirant de l'élément couleur une extrême intensité émotive.

*
* *

Quand les futurs historiens montreront l'influence capitale de Bourdelle sur le mouvement artistique du XXe siècle, ils proclameront qu'outre la rénovation qu'il lui a apporté, il l'aura tiré de l'anarchie pour lui rendre l'esprit de discipline et le sens collectif.

Discipline avec soi-même, sens collectif de tous les arts entre eux dans la mesure d'une féconde collaboration : c'est ainsi qu'on doit surtout l'entendre, et non y voir un appel à on ne sait quel communisme de l'art comme ont tendance à le comprendre aujourd'hui certains professeurs d'esthétique en Sorbonne. Non. Bourdelle est, à l'exemple de tous les créateurs, un individualiste forcené. C'est d'enrichissement réciproque et non de nivellement stérilisant que veulent vivre les compagnons de l'art. Si les sculpteurs, les peintres, les décorateurs, se rangent sous la bannière du maître d'œuvres, que chacun, ainsi qu'au Moyen Age, sache conserver son indépendance et faire fleurir son talent. Que chacun soit assez haut de pensée pour accepter la subordination nécessaire à la loi d'ensemble hors de laquelle il ne peut y avoir qu'effondrement; mais qu'il suive son cœur et réussisse sa propre ascension. Qu'il soit même, quand il le peut, comme Bourdelle, comme ces puissantes individualités de la Renaissance, à la fois le chef d'orchestre et le compositeur de toutes les parties de la symphonie.

Dessinateur, peintre, fresquiste, sculpteur de bustes, de bas-reliefs et de statues monumentales, architecte, poète, Bourdelle, frères des Michel Ange et des Léonard de Vinci, emprunte tour à tour, ou à la fois, à tous ces modes d'expression leur langage.

Succédant à Rodin, génie puissant et prodigieux analyste des passions humaines, il est le promoteur triomphant d'une discipline plus sévère en même temps que plus élargie; étendant la mesure à la science des ensembles, il a accompli ce miraculeux effort d'allier le sens de l'intériorité à celui de l'harmonie universelle.

Il a élevé l'objet de l'art. Il y a réintégré l'esprit dans sa fonction primordiale. Il a fait entendre un verbe de pierre à côté du verbe aérien de la parole, et ce verbe se répercutera le long des âges, mot d'ordre inaliénable de noblesse et de grandeur

Dernières œuvres - Derniers moments

La grande voix de Bourdelle vient de s'éteindre. La tâche surhumaine qu'il s'était assignée n'était pas terminée. Sa carrière, toute d'élévation, a été interrompue par la mort, au moment où il atteignait quelques-uns des buts purement spirituels sans la recherche desquels il se serait cru indigne de vivre.

Dans les derniers mois de sa vie, à demi ruiné physiquement, il était une flamme qui jette une immense lueur avant de disparaître : son ardeur créatrice, sa fougue de production, sa volonté de tout dire de ce qu'il portait en lui n'avaient jamais été si puissantes. Plus le terme approchait, plus il sculptait la glaise avec frénésie. Il opposait l'activité inlassable de son esprit à cette mort qu'il pressentait et à laquelle il jetait ce suprême défi de travailler comme si elle n'était pas !

Au Salon des Tuileries du printemps 1929, il avait exposé le

dernier bronze sorti de ses ateliers : le *buste de Krishnamurti*.
C'était le travail renouvelé de cette tête d'*Apollon au Combat*
du début de sa maturité, alors qu'il avait séparé nettement ses
techniques de celles de Rodin, mais poussé à ses extrêmes
limites. Ici, l'économie des valeurs et celle des éléments constructifs étaient serrées avec un tel degré de rigueur que l'on se
sentait à la frontière de la mathématique pure. Mais un fossé
infranchissable nous en séparait : celui de la Vie ! La Vie avec
sa double présence était là : la fleur du modelé charnel et la
flamme mystérieuse d'un chant spirituel, qui recélait les millénaires d'exaltation mystique de l'Inde.

Dans la petite maison de campagne où Bourdelle avait été
chercher un air plus pur avec plus de tranquillité, il avait installé
sur une table rustique son ultime chantier d'art. C'est là qu'il a
modelé de ses mains tout un peuple de statues, petites de taille,
mais d'une si haute perfection qu'elles paraissent recéler le génie
tout entier d'un constructeur de statues votives dédiées au plus
exigeant des dieux.

D'abord il a terminé la maquette d'un *monument à Daumier*,
dans lequel il résume, avec une acuité de vue si personnelle,
la vie et l'œuvre du peintre marseillais. Il le représente, plus
grand que nature, debout, protégé par le bouclier d'une toile,
qui porte à son revers une croix. Brandissant un masque tragique,
ce caricaturiste âpre et impitoyable s'appuie contre une colonne
et semble narguer la foule, en même temps chercher un refuge
contre elle.

C'est une belle composition sculpturale ; et l'on admire la
tranquillité de la colonne à côté de l'activité de la draperie.

Puis, dernière création épique du Maître, c'est un *Beethoven*
en pied qu'il a modelé avec cette rapidité d'exécution dont il
était coutumier. Bourdelle a toujours été hanté par la figure
tumultueuse du héros musical qui finit par toucher, à travers une
existence de souffrance, le paroxysme de la joie. Il l'aime, il
l'admire ; il souffre, il s'épanouit, il chante avec lui. Maintenant
il l'évoque, adossé à la croix, symbole de sa vie, avec tout l'orage

de sa fulgurante pensée. Le voilà qui se raidit contre ce qui veut l'accabler ; il fait front contre les hommes et c'est l'âme humaine qui triomphe en lui dans ce qu'elle a de plus élevé.

Enfin, ce sont de délicieuses statues où Bourdelle, sans se départir d'une grandeur qui est sienne, atteint à une grâce harmonieuse et parfois souriante qu'il avait rarement montré :

Dans la *Danse dans les Ailes*, il rivalise avec les statuettes de Tanagra en modelant un corps fin, svelte, souple, tout de fraîcheur et de jeunesse, et en l'animant du plus suave mouvement.

Une *Hamadryade* s'éclaire admirablement en lumières et en ombres nuancées avec une finesse et une sensibilité extrêmes ; arbre et déesse à la fois cette demi-métamorphose fait revivre le paganisme immortel dans la forme la plus exquise et à la fois la plus serrée qu'on puisse voir ;

L'*Enlèvement d'Europe* sur le taureau est aussi d'une exécution intime très poussée. Si proche de la nature vivante et si bien traitée sculpturalement, cette statue contient tout ce qu'il faut de stylisation pour atteindre à la pure noblesse, et tout ce qu'il faut d'intimité frémissante pour s'épanouir dans la vie ;

la *Naissance de Vénus* est une composition décorative très belle ; l'air candide de cette Vénus au corps voluptueux est l'image de la volupté chaste et poétique telle que l'art seul peut la donner.

Bien qu'elles ne dépassent guère les dimensions des figurines de Tanagra, ces statuettes contiennent l'art de Bourdelle tout entier. On y retrouve les cent aspects d'un génie si varié. Pourtant elles marquent encore une progression ! Une harmonie suprême leur confère une singulière beauté : une musicalité exceptionnelle des formes à leur point de total achèvement dans l'ordre de l'individualité. C'est que l'*art du ciseleur* s'est ajouté ici à tant d'autres pour les faire toucher à une sorte de perfection-limite.

Précieuses comme des bijoux orfévrés, elles réclament le métal fin. Et cependant, on les conçoit aisément agrandies aux dimensiens de statues. Nul doute que Bourdelle ne les ait portées à ce développement en les ordonnant selon les plans monumentaux sans rien leur enlever de leur caractère intime, comme il savait si bien le faire !

Ces dernières productions du Maître marquent donc un tel progrès vers la perfection que, de l'avis de tous ses élèves, elles demeurent pour eux le suprême enseignement et l'un des sommets de l'art français. Elles sont le glorieux testament qu'ils se plaisent tous à accepter comme la plus précieuse des richesses qui pouvait leur être léguée.

La veille de sa mort, il terminait une statuette qu'il dédiait au dieu de la Médecine, appelant sur lui, nouveau Socrate, par une boutade pleine de jovialité et d'humour, la protection du Guérisseur. Cet *Asclépios* n'a guère que quarante centimètres de haut ; mais il est poussé dans son exécution avec une extrême rigueur comme s'il devait orner un jour quelque colline de l'Attique à l'échelle du plein air. Le personnage, vêtu aussi peu qu'un philosophe antique, chaussé de sandales, la barbe en rond, le bras levé en signe d'espoir et de ralliement, emprunte bien des traits à Bourdelle lui-même. Il se tient debout, colonne de savoir adossé au pilier cylindrique du temple, dans l'attitude de la parole quasi prophétique. Le serpent qui entoure la figure, se dresse à son côté et parle en même temps qu'elle, la colonne sobre, ronde, nue, mais frémissante comme un épiderne vivant, avec son chapiteau carré à angles sortants, tout cela est rempli d'originalité spontanée et de sentiment. Que de noblesse et de tendresse réunies dans ce témoignage suprême et complet de l'art bourdellien !

Sur la même table de travail, restait inachevée une petite maquette trop succincte malheureusement pour être maintenant agrandie : celle du très important *Monument pour le Maréchal Foch*. Le gouvernement devait lui en notifier la commande officielle le jour même où tant d'espoirs se sont évanouis... Perte irréparable que nul ne pourra atténuer.

Enfin, préoccupé, semblait-il, de laisser le plus possible de lui-même avant son départ, d'une main fébrile et déjà traçant comme un message de l'au-delà, Bourdelle avait commencé une peinture tragique, un peu hallucinante, visage d'âme plus que de chair, émacié, creusé, déjà lointain : son propre portrait.

Et pourtant il se reprenait à plaisanter; dans son imagination en pleine activité se levait une floraison de projets grandioses.....

Bourdelle s'est éteint au matin du premier octobre de cette année 1929 qui avait vu l'érection de son premier monument à Paris. En foule, ils sont accourus, tous ses élèves, jeunes et vieux, autour du lit de mort de leur Maître. Leur douleur parlait pour eux. Tous n'évoquaient plus, en brêves paroles, que sa bonté qui était à la hauteur de son génie. On savait que, pauvre pendant la plus grande partie de sa carrière, il avait vécu sa vie avec ce même désintéressement que, dans toute sa pureté, il appliquait à l'Art. On l'avait vu donner son cœur sans restriction à toute souffrance humaine. On connaissait tous ceux qu'il avait secouru moralement, pécuniairement, en artiste, en homme, en frère. Il avait conservé la fraîcheur naïve d'un petit enfant. Incapable d'une mauvaise pensée, il ne comprenait pas le mal. Il était humain et fraternel aussi simplement qu'une fleur donne son parfum. Il n'avait pas de besoins matériels. La fortune particulièrement ne l'intéressait pas. Ses seuls soucis étaient de se hausser sans cesse, par les moyens de son art, vers une perfection idéale qu'il pressentait divine. Dans la voie pour laquelle il se sentait élu, toute sa vie a été une élévation. On savait tout cela ! Et les cœurs étreints s'inclinaient accablés, devant l'incompréhensible départ de celui qui recélait en lui tant de jeunesse morale, tant de richesses intérieures, tant de vouloir éternel.

Dans cette petite maison du Vésinet où il reposait une dernière fois, et que le fondeur Rudier avait mise à sa disposition avec l'affection d'un ami incomparable (« L'affection de Rudier devrait seule me guérir » disait Bourdelle), des centaines d'amis et d'admirateurs venaient porter le tribut de leur affliction à madame Bourdelle dont la douleur muette était avant tout génératrice de devoir. La compagne du sculpteur avait été d'abord son élève. Nul être au monde n'aurait pû mieux vivre en communion plus attentive et plus efficace qu'elle. Nul être n'aurait pû mieux créer autour de lui de meilleure atmosphère de douceur, de travail, d'intelligence et d'amour. Maintenant que son grand enfant partait, elle se sentait l'immense obligation de continuer le rayonnement de cette œuvre avec laquelle elle était liée de toutes les fibres de sa vie...

Un jour, après avoir corrigé quelques ébauches d'élèves, Bourdelle faisait une leçon au milieu d'un auditoire haletant. Tous étaient déjà subjugués par sa force de rayonnement, par son enthousiasme contenu, lorsque le Maître sortit de sa poche, selon sa coutume, quelques pages écrites hâtivement. C'était une sorte de poème jeté dans le feu et le désordre d'une improvisation et qu'il se mettait à lire maintenant pour illustrer d'une manière plus frappante les éclairs de pensée qu'il cherchait à susciter dans les jeunes cerveaux. Il aimait l'exaltation bienfaisante par laquelle la foule des apprentis sculpteurs s'élevait au-dessus d'elle-même; il l'harmonisait dans un plan supérieur pour la rendre plus clairvoyante; sa plus grande joie était de voir s'ouvrir devant chacun quelque secret de l'art auquel tous aspiraient.

Ce jour-là il avait pris pour thème : « *Des courbes éternelles et de leurs points de croisement.* » La Nature, les Temples et les Cathédrales servent à pénétrer, disait-il, dans une matière invisible, dans une « matière d'esprit » qui s'« appuie sans cesse à la pierre », pour y prendre cet élément de solidité cosmique qu'il recherche toujours. De tous ces tracés universels et éternels, le point de rencontre se trouve dans le galbe d'une statue ou la charpente construite d'un buste. Bourdelle avait cette croyance, cette illumination, que l'art, ainsi élevé, participe à la suprême vérité.

« De quels compas se sert l'Esprit qui voit ? s'est-il écrié ce jour-là. Avez-vous vu le visage du Saint ? Connaissez-vous la forme du regard qui parcourt le pourtour des mondes ? les plans du front invisible que votre main ne touche pas, et qui, dans ses profils et dans ses galbes, s'inscrit semblables aux sphères de l'univers, dans ceux que sculpte votre esprit ? *Avez-vous vu le visage du Dieu* avec, posé sur son épaule, le ciel plénier de l'entendement pur ? Que diriez-vous si, fidèles jusqu'à la mort, si, capables de vérité totale, *vous le trouviez au soir d'une grande journée de vie*, ce sublime ouvrier, dévoilant devant vous la conjonction des courbes des pensées ? »

C'est par le beau, que l'artiste s'élevait ainsi à la vérité suprême ; il atteignait l'Unité divine par le pur et par l'harmonieux. Il parvenait à l'essentiel par delà l'accidentel, à l'universel par une vision intime du particulier. Il restait constamment adéquat à la vérité par tout son cœur et toute sa vision parce que la sincérité faisait toujours la valeur profonde de son œuvre ! Admirable ascension ! Se hausser jusqu'au plan divin par l'art, — par l'art sensuel et vivant, celui-là même qui puise toutes ses ressources de vie par ses racines terrestres ! Tel était l'enseignement de ce visionnaire naïf et savant à la fois, de ce serviteur d'une forme mathématicienne autant que de l'esprit appuyé sur cette forme. Noble compréhension de l'art : le mariage mystique de la matière et de la pensée, sans rien abdiquer ni de l'une ni de l'autre ! leur réunion dans leur mystérieuse unité ! La statuaire, la peinture, le dessin, la ligne, les plans, les formes devenant les plus sublimes éléments d'un langage humain.

Et de fait, lui-même, par l'incomparable perfection de sa maîtrise, par la grandeur et la noblesse des figures qu'il a créées, il s'est sans cesse approché de ce plan supérieur auquel il aspirait.

Et tout à coup, la carcasse matérielle l'a abandonné ! « *Au soir d'une grande journée de vie* », en plein effort vers l'idéal, dans la pureté de son âme enfantine, intacte et toujours inviolée, *fidèle jusqu'à la mort* à sa vision intérieure, soulevé par un immense effort vers la vérité totale qu'il pensait la plus noble aspiration de l'homme, il s'est trouvé brusquement au seuil de l'outretombe.

A-t-il alors reçu la confidence ultime du « *Sublime ouvrier* » qu'il prophétisait naguère à ses élèves ? On ne sait. Mais avant de s'éteindre à jamais pour les clartés humaines, son œil s'est

étrangement dilaté; son regard s'est agrandi comme d'un étonnement sans borne; une vision incompréhensible pour ses amis
l'animait; une vision de douceur inexprimable, de possession définitive, venue par quel archange de l'art ? — Puis, doucement,
docilement, sagement, il a rapproché ses paupières avec un
consentement si absolu et si définitif que nul n'a eu besoin de
lui fermer les yeux.

TABLE DES MATIÈRES

ACHEVÉ D'IMPRIMER
LE 8 OCTOBRE 1930
PAR
L'IMPRIMERIE DE COMPIÈGNE
POUR
LA LIBRAIRIE DE FRANCE

1 PORTRAIT A LA MINE DE PLOMB (1882)

2 JEANNE D'ARC PASTOURE (1898)

3. LA PETITE CARDEUSE DE LAINE (1899)

4. TORSE DE PALLAS (1899)

5. DESSIN (1900)

6. TÊTE D'APOLLON (1900)

7. BEETHOVEN (Sanguine — 1902)

8. TÊTE DE BEETHOVEN (1902)

9. STATUE DE CARPEAUX (1907)

10. BUSTE D'INGRES (1907)

11 BACCHANTE (1908)

12. HERACLÈS ARCHER (1909)

13. LE FRUIT (1910)

14. BAS-RELIEFS POUR LE THÉATRE DES CHAMPS-ÉLYSÉES (1910)

LA MUSE ET PÉGASE — LE POÈTE ET PÉGASE

15. BAS-RELIEFS DU THÉÂTRE DES CHAMPS-ÉLYSÉES (1910)

LA SCULPTURE ET L'ARCHITECTURE   LA COMÉDIE ANTIQUE ET LA COMÉDIE MODERNE

LA TRAGÉDIE   LA MUSIQUE ANTIQUE ET LA MUSIQUE MODERNE

16. BUSTE DE Mᵐᵉ Z. (marbre - 1911)

17 BUSTE DE A. RODIN (1911)

18. FRESQUES DU THÉATRE DES CHAMPS-ÉLYSÉES (1912)

19. GÉA, MÈRE DES DIEUX

FRESQUE DU THÉÂTRE DES CHAMPS-ÉLYSÉES (1912)

20. HAUTERIVE (1913)

PL. LA VENDANGEUSE (1912)   LES NOBLES FARDEAUX (1912)

22. LA MORT DU DERNIER CENTAURE (1914)

23. LE DOCTEUR KŒBERLÉ (1901)

24. LA FILLE D'A. BOURDELLE (aquarelle - 1914)

25. MAQUETTE DU MONUMENT DU GÉNÉRAL ALVEAR (1915

26. BUSTE DE M. C. (1916.

27. STATUE DE SAINTE-BARBE (1916)

28. LA DANSE DU VOILE (1917)

29. STATUE DU MONUMENT ALVEAR (1918)

LA VICTOIRE

30. STATUES DU MONUMENT ALVÉAR (1918)

LA FORCE   LA LIBERTÉ

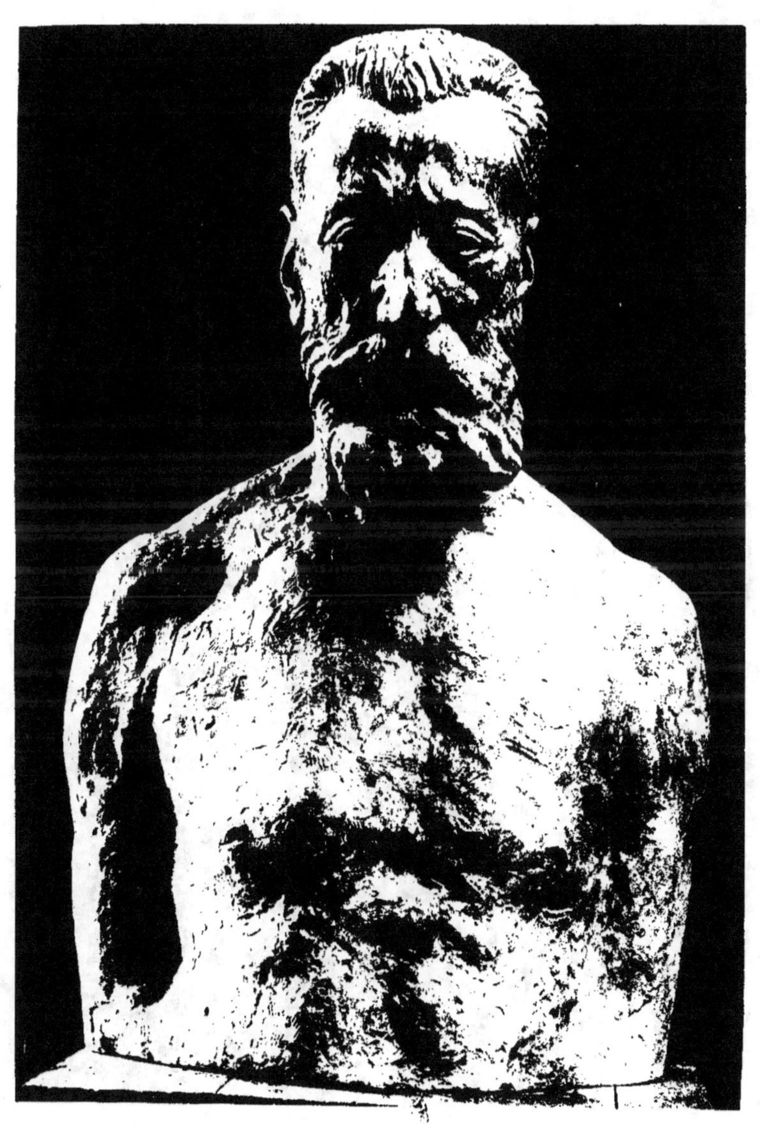

31. BUSTE D'ANATOLE FRANCE (1919)

32. BUSTE DI SIR G. JAMES FRAZER (1936)

33. LA VIERGE A L'ENFANT (1920)

34. BACCHANTE PORTANT EROS (1921) — CROIX DE GUERRE TCHÉCOSLOVAQUE (19..)

35. MASQUE DÉCORATIF (1922)

36. BUSTE DU PRÉSIDENT ALVÉAR (1922)   BUSTE D'AUGUSTE PERRET (1922)

27. STATUE ÉQUESTRE DU GÉNÉRAL ALVÉAR (1923)

38. LE GÉNÉRAL ALVEAR (1923)

39. BAS-RELIEF DU THÉÂTRE DE MARSEILLE (fragment)

LA NAISSANCE DE LA BEAUTÉ (1924)

40. EROS (fragment du bas-relief du Théâtre de Marseille - 1924)

II. LE RETOUR DU SOLDAT

(fragment du bas-relief du Monument de Montceau-les-Mines - 1924)

42. AQUARELLE POUR LA REINE DE SABA DU D¹ J.-C. MARDRUS (1925)

43. SAPHO (1925)

44. TÊTE DE BEETHOVEN (1926)

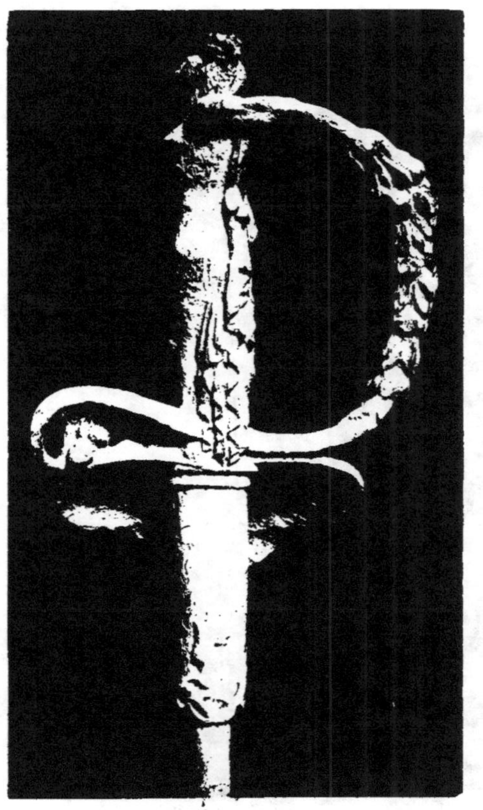

45. ÉPÉE D'ACADÉMICIEN D'ALBERT BESNARD (1927) - MARTEAU DE PORTE (1925)

46. LE TEMPLE D'HÉRACLÈS A TOULOUSE (1927)

47. ADAM MICKIEWICZ (1928)

48. TÊTE DE MICKIEWICZ (1928)

49. L'ÉPOPÉE POLONAISE (1928)

50. LES CAPTIFS (bas-relief du Monument Mickiewicz - 1928)

51. LES TROIS POLOGNE (bas-relief du Monument Mickiewicz - 1928)

52. WALLENROD (bas relief du Monument Mickiewiez - 1928)

53. MAQUETTE DU MONUMENT DU DOCTEUR SOCA POUR L'URUGUAY (1928)

54. HAMADRYADE (1929)

55. ASCLEPIOS (dernière œuvre de sculpture – 1929)

56. ANTOINE BOURDELLE PAR LUI-MÊME (peinture,